全国中等职业技术学校电子商务专业教材

电子商务网站建设与维护
（第二版）

杨建勋　主编
人力资源和社会保障部教材办公室　组织编写

中国劳动社会保障出版社

简介

本书为国家级职业教育规划教材，由人力资源和社会保障部教材办公室组织编写。

本书根据中等职业技术学校电子商务专业的教学实际，系统讲解了商务网站的基本技术和方法，主要内容包括：电子商务网站概述、电子商务网站注册页面的实现、电子商务网站数据库功能的实现、电子商务网站登录和商品发布功能的实现、电子商务网站首页和购物车功能的实现、电子商务网站的发布与维护等。

本书由杨建勋任主编，车利娟、赵宜珍参加编写，陆伟宇审稿。

图书在版编目（CIP）数据

电子商务网站建设与维护 / 杨建勋主编. —2版. —北京：中国劳动社会保障出版社，2017
全国中等职业技术学校电子商务专业教材
ISBN 978-7-5167-3026-3

Ⅰ. ①电… Ⅱ. ①杨… Ⅲ. ①电子商务-网站建设-中等专业学校-教材 Ⅳ. ①F713.361.2

中国版本图书馆CIP数据核字（2017）第148938号

中国劳动社会保障出版社出版发行
（北京市惠新东街 1 号 邮政编码：100029）
*
北京市艺辉印刷有限公司印刷装订 新华书店经销
787 毫米 ×1092 毫米 16 开本 9 印张 180 千字
2017 年 7 月第 2 版 2022 年12月第 8 次印刷
定价：17.00 元

营销中心电话：400-606-6496
出版社网址：http://www.class.com.cn
http://jg.class.com.cn

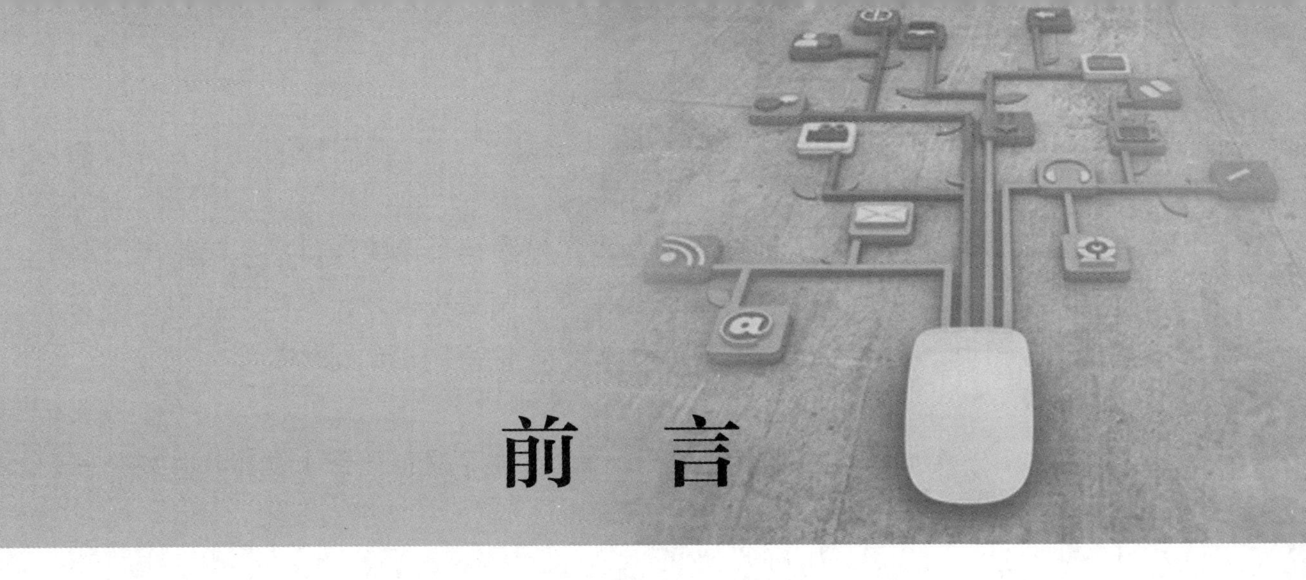

前　言

全国中等职业技术学校电子商务专业教材自出版以来，在学校的教学中发挥了重要作用。2008 年，根据当时行业的发展，我们对教材进行了第一次改版。近年来，电子商务行业进入了密集创新和快速扩张的新阶段，企业对从业人员的知识水平和职业能力提出了更高的要求。为适应这一变化，满足学校培养人才的需求，我们组织了一批教学经验丰富、实践能力强的教师与行业、企业的专家，在充分调研的基础上，对现有教材进行了修订和补充。本次教材修订（开发）工作的重点主要体现在以下几个方面：

第一，完善了教材体系。根据目前中等职业技术学校电子商务专业的教学实际，增加了《电子商务法律法规》《商品图片拍摄与处理》《电子商务客户服务》《网店运营实务》《电子商务文案写作》《网店美工》等教材。扩充后，整套教材更加丰富，也更便于学校选用。

第二，更新了教材内容。根据电子商务行业的现状和发展趋势以及企业的岗位需求，调整、更新了相关教材的结构和内容，尽可能多地体现行业新理念、新技术、新方法；本着“学以致用”的原则，在主要技能课教材中更多地加入实践案例和技能训练，进一步加强对学生职业能力的培养。

第三，改进了教材表现形式。在教材编写上，充分考虑学生的认知规律，力求文字表达通俗易懂，并较多地采用以图代文、以表代文的表现形式，降低学生的学习难度，激发学生的学习兴趣。

第四，加强了教材配套资源建设。在修订教材的同时，补充开发了与教材配套的电子课件，便于教师开展教学工作。电子课件可通过职业教育教学资源和数字学习中心（http://zyjy.class.com.cn）免费下载。

本套教材的编写得到了有关省市人力资源和社会保障部门以及一批中等职业技术学校的大力支持，教材的编审人员做了大量的工作，在此，我们表示衷心的感谢！同时，恳切希望广大读者对教材提出宝贵的意见和建议。

人力资源和社会保障部教材办公室

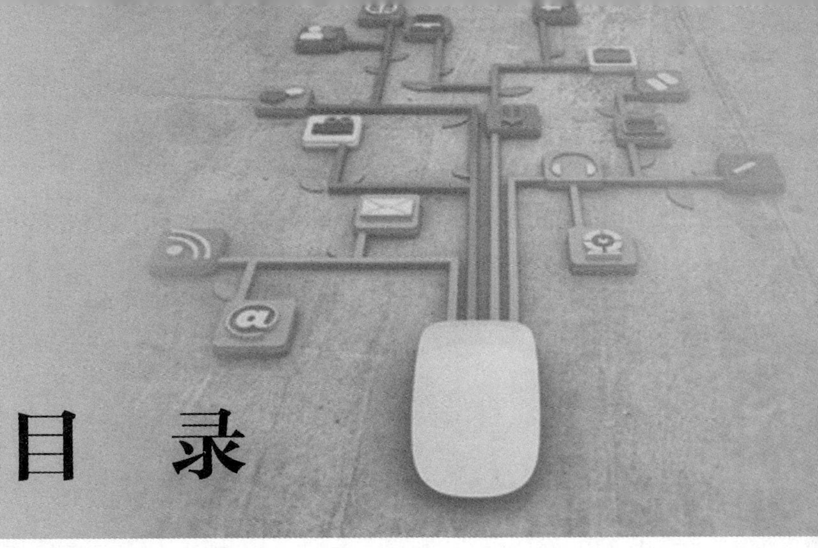

目 录

第1章　电子商务网站概述

第1节　认识电子商务网站

电子商务飞速发展，越来越多的人开始感受到电子商务的快速和便捷。对于电子商务经营者来说，能否获得可观的经济效益取决于很多方面，而建好电子商务网站显得尤为重要。

一、电子商务网站的定义

电子商务网站是指通过建设网站来发布和展示商品信息，实现电子交易，并通过网络开展与商务活动有关的各种售前和售后服务、全面实现电子商务功能的网站。

二、电子商务网站的分类

1. B2B（Business to Business）电子商务

（1）B2B 电子商务的概念

企业与企业之间的电子商务称为 B2B 电子商务，即企业间通过互联网、外联网、内联网或私有网络，以电子化的方式进行的产品、服务和信息的交换。

（2）B2B 商务模式分类

1）行业垂直类 B2B 电子商务网站。行业垂直类 B2B 电子商务网站又称纵向电子商务市场，这种网站会针对某一行业做深做透，如中国化工网、全球五金网等。此类网站的优点是在专业上更具权威性、科学性，客户相对集中、忠诚度高，其缺点是受众过窄、难以形成规模效应。

2）综合水平类 B2B 电子商务网站。综合水平类 B2B 电子商务网站又称横向电子商务市场，这种网站基本涵盖了各个行业，主要在广度上下工夫，如阿里巴巴、慧聪网等。这类网站在品牌、知名度、用户数量、行业范围、技术研发等方面具有行业垂直类 B2B 网站难以企及的优势，但在用户精准度、行业服务深度等方面略有不足。

2. B2C（Business to Consumer）电子商务

（1）B2C 电子商务的概念

企业与消费者（也称商家与个人用户或商业机构与消费者）之间的电子商务活动称为 B2C 电子商务，即企业或商业机构、公司与消费者通过计算机网络发生的一切商务活动。

（2）B2C 商务模式分类

1）无形商品交易。通过网络向消费者提供服务，称为无形商品的交易，如电子信息、计算机软件、视频娱乐信息等，整个购物流程从订购付款到商品发货都在网上进行。

2）有形商品交易。企业和个人通过网络进行产品的销售和购买，称为有形商品交易。这类商品的查询、订购、付款等活动在网上进行，但最终商品的交付还是必须借助传统的方式，如快递、邮政等。目前国内比较著名的 B2C 交易平台有京东商城、天猫、当当网等。

3. C2C（Consumer to Consumer）电子商务

（1）C2C 电子商务的概念

消费者对消费者之间的电子商务称为 C2C 电子商务，具体来说就是指买卖双方（主要为个人用户）通过由网络中介服务商提供的有偿或无偿使用的在线交易平台，使卖方可以主动提供商品售卖，而买方可以自行选择商品进行购买的电子商务交易模式。

（2）C2C 商务模式分类

1）综合性拍卖网站。拍卖种类繁多，如图书、电子产品、汽车、玩具、服装、家电等，只要是合法的商品都可以在网上进行拍卖，如淘宝网、易趣网等。

2）专业性拍卖网站。主要是针对某一类商品进行拍卖，一般商品比较特殊，价格比较昂贵。大多需要专家的鉴定，如玉器、古董、艺术品等。

3）跳蚤市场，又称旧货市场。是指在特定时间内组织的非正式集会，把闲置的不再使用的商品放在户外售卖，或者以物换物，一般价格比较便宜。而发展到网上，不需要特定的时间和地方，只需要把不再使用的商品信息发布到网上，有意者一般会主动询问，但因为商品价格比较便宜，不适合付费运输，所以一般都是同一个区域交易，如同一城市、同一学校等。

三、电子商务网站的功能

随着网络信息技术的发展，电子商务网站一般具有以下功能：

1. 商品展示

用户进入企业的电子商务网站，应该像进入现实中的卖场一样，能够看到各种各样的商品，这些商品以图片和文字的方式进行展示。利用网络媒体进行商品的展示和推销，无疑使企业增加了一条很有前途的营销渠道。

2. 信息检索

电子商务网站提供信息搜索与查询功能，可以使客户快速方便地找到所需的商品信息，这是电子商务网站留住客户的重要因素。如果一个电子商务网站的内容非常丰富，而且商品种类繁多，就要给客户提供服务和商品信息的检索。

3. 商品订购

用户发现自己感兴趣的商品时，单击商品可以看到商品的文字、图片、视频等多种信息的描述。通常是在商品介绍的页面上提供十分友好的订购提示信息和订购交互对话，实现用户在线交流、在线预订商品、网上购物或获取网上服务业务的功能，提供全天候的随时交易。

4. 网上支付

网上交易要完成，支付是一个必不可少的环节。网上的支付必须要有电子金融来支持，即银行或第三方支付公司等单位要为金融服务提供网上操作的服务。网上支付需要更为可靠的信息传输安全性控制，以防止欺骗、窃听、冒用等非法行为。

5. 客户信息管理

客户信息管理是网站主体能否以客户为中心提供商品或服务、能否充分利用客户信息挖掘市场的重要前提，是电子商务中信息管理工作的主要内容。

6. 销售信息管理

网络的运用使企业能够及时地接收、处理、传递以及利用相关的数据资料，并使这些信息有序而有效地流动起来，为企业其他信息管理系统，如 ERP、SCM 等提供支持。

7. 信息反馈

一个成功的网站必须是交互性的，企业商务网站对于收集客户的反馈信息非常重要。企业可以利用网站收集客户反馈的信息，然后根据这些信息对网站及商品进行相应的调整。

8. 形象宣传

企业可以通过网站在 Internet 上发布各类商业信息，与以往的传统广告相比，网上的广告成本最为低廉，而给客户的信息量却最为丰富。客户可借助网上的检索工具迅速地找到所需商品信息，而企业可利用网站主页进行广告宣传并树立企业的形象。

四、典型电子商务网站范例

1. 阿里巴巴

（1）阿里巴巴网站简介

阿里巴巴是全球最大的 B2B 网站之一，是电子商务领域最知名的网上交易市场，帮助全球客户和合作伙伴取得更多的商机。其首页部分内容如图 1–1–1 所示。

（2）阿里巴巴网站主页面的特点

采用的主色调是白色作底，橙色点缀，而橙色给人的感觉是轻快、欢欣、收获、温馨、时尚，是快乐、喜悦、能量，并与网站 Logo 标志颜色达到和谐统一的效果。首页整体布局为上中下 3 个版块，内容区横向又分成了 6 小块，以文字为主，图片为辅，各个版块大小搭配、布局合理、美观有序。首页最上方是注册和登录链接。

图 1-1-1　阿里巴巴

搜索引擎可以从产品、供应商、求购、生意经四个方面进行搜索，功能更强大。产品分类导航，鼠标经过时字体和背景都发生变化，引人注目，背景使用主体色橙色，二级导航用横式排列，占据中间主体部分。主页的产品展示广告，既达到了产品宣传的目的，又达到了美化页面的效果。页面静态与动态元素的合理搭配，文字和图片的完美搭配，层次感强，符合大众的审美。

2. 当当网

（1）当当网网站简介

当当网以图书零售起家，如今已发展成为领先的在线零售商，其首页部分内容如图 1-1-2 所示

图 1-1-2　当当网

（2）当当网网站主页面的特点

当当网采用红色加橙色为网站的主色调，给人大气的感觉，其中广告图片占了很大的

篇幅，但是由于设计精美，更显大气。其搜索引擎是按产品的不同分类搜索的。将站内商品分门别类详细列出，用户可以选择自己需要的商品种类，再进行详细搜索。

在产品分类上当当网将产品以两种略有差别的分类方式分别展现在网页的上方和左上方，这样给顾客更多的选择，更容易找到所需的商品。

首页整体布局为上中下三个版块。内容区横向分成了 6 小块，以图片为主，色彩鲜艳醒目，既展示了产品图片广告，为当当带来利益，又增加页面美观的效果。纵向由不同栏目构成，基本囊括了当当网所销售的各类商品，分类清晰，一目了然。

技能训练

浏览本地区的赶集网站，对页面布局、色调及功能模块进行相应的描述和分析，如图 1–1–3 所示。

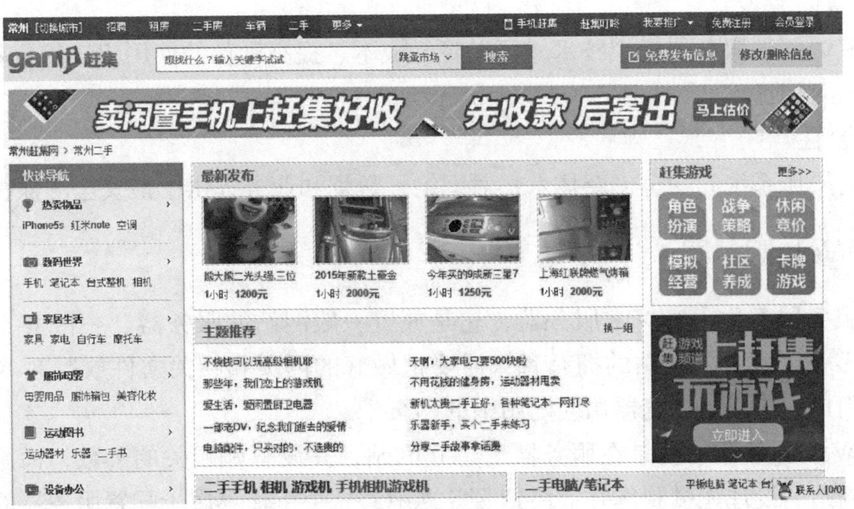

图 1–1–3　常州赶集网

思考与练习

1. 电子商务可以划分为哪些类型？请举出一些相应的实例。
2. 电子商务网站应具备哪些功能？请举例说明。
3. 一个优秀的电子商务网站需要包含哪些要素？

第 2 节　电子商务网站建设的前期准备

进行电子商务网站的构建有很多准备工作，首先是网络服务器的构建，包括操作系统的选择、Web 服务器的配置、IIS 服务器的安装，其次是动态网页站点的建立，然后是站点内容设计，包含网站的需求分析、框架设计、网站所有内容页的设计等，最后是域名的申请。

一、Windows Server 2008 操作系统

Windows Server 2008 是新一代的 Windows Server 操作系统，可以帮助信息技术人员最大限度地控制网站的基础结构，同时提供空前的可用性和管理功能，建立比以往更加安全、可靠和稳定的服务器环境。相较于以前的版本，其在以下方面有更突出的表现：

1. Web 平台

应用程序和服务的强大 Web 平台，Internet Information Services 7.0 简化了 Web 服务器管理。

2. 虚拟化

通过其内置的服务器虚拟技术，可以降低成本、提高硬件的使用率、优化基础结构并提高服务器可用性。

3. 安全性

稳定的操作系统和安全创新技术，对网络、数据和业务提供了最安全的保护。

二、Web 服务器

Web 服务器又称为 WWW 服务器，它是放置一般网站的服务器。一台 Web 服务器上可以建立多个网站，各网站的拥有者只需要把做好的网页和相关文件放置在 Web 服务器中，其他用户就可以用浏览器访问网站中的网页了。

配置 Web 服务器，就是在服务器上建立网站，并设置好相关的参数，而网站中的网页应该由网站的设计人员制作并上传到服务器中，这个工作不属于配置服务器的工作。

三、Internet 信息服务器

IIS（Internet 信息服务器）是 Internet Information Server 的缩写，它是微软提供的 Internet 服务器软件，包括 Web、FTP、SMTP 等服务器组件，它只能用于 Windows 操作系统。在 Windows Server 2008 中，安装好 IIS 服务后，集成了两种 IIS，一种是 IIS6.0，这个版本是以前在 2003 版本上使用的，还有一种就是新产品 IIS7.0。

四、IP 地址

1. IP 地址的概念

IP 是英文 Internet Protocol 的缩写，意思是“网络之间互连的协议”，也就是为计算机网络相互连接进行通信而设计的协议。在互联网上有成千上万台主机同时在线，为了区分这些主机，给每台主机分配了一个专门的地址，称为 IP 地址，且这个 IP 地址在整个网络

中必须唯一。

IP 地址由一个 32 位的二进制数组成，通常被分割为 4 个“8 位二进制数”（也就是 4 个字节），中间用“.”分隔，因此 IP 地址通常用“点分十进制”表示成“a.b.c.d”的形式，其中 a、b、c、d 都是 0 ~ 255 之间的十进制整数，例如 IP 地址“104.10.5.6”。

每个 IP 地址由网络地址（NETID）和主机地址（HOSTID）两部分组成。网络地址的长度决定整个网间网能包含多少个子网络，主机地址的长度决定每个网络能容纳多少台主机。

2. IP 地址的分类

IP 地址编址方案将 IP 地址空间划分为 A、B、C、D、E 五类，其中 A、B、C 是基本类，D、E 类作为多播和保留使用。A、B、C 类 IP 地址的二进制分布如图 1-2-1 所示，具体说明见表 1-2-1。

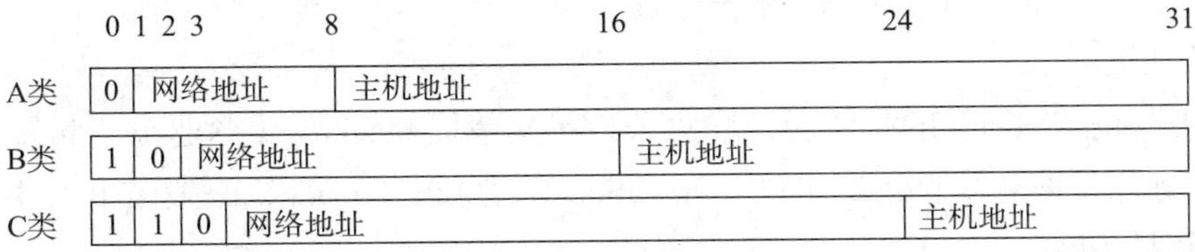

0 1 2 3　8　16　24　31

A类　0 | 网络地址 | 主机地址

B类　1 | 0 | 网络地址 | 主机地址

C类　1 | 1 | 0 | 网络地址 | 主机地址

图 1-2-1　IP 地址的分类

表 1-2-1　A、B、C 类 IP 地址

类型	说明
A 类 IP 地址	A 类 IP 地址由 1 个字节（每个字节是 8 位）的网络地址和 3 个字节的主机地址组成，网络地址的最高位必须是“0”。A 类 IP 地址第一段数字范围是 0 ~ 127，但是由于全 0 和全 1 的地址用作特殊用途，实际可指派的第一个字段范围是 1 ~ 126（00 000 001 ~ 01 111 110），每个网络能容纳 16 777 214 台主机，A 类地址适用于具有大量主机而网络个数较少的大型网络
B 类 IP 地址	B 类 IP 地址由 2 个字节的网络地址和 2 个字节的主机地址组成，网络地址的最高位必须是“10”，即第一段数字范围为 128 ~ 191（10 000 000 ~ 10 111 111），每个 B 类地址可连接 65534 台主机
C 类 IP 地址	C 类 IP 地址就由 3 个字节的网络地址和 1 个字节的主机地址组成，网络地址的最高位必须是“110”，即第一段数字范围为 192 ~ 223（11 000 000 ~ 11 011 111），C 类网络地址数量较多，适用于小规模的局域网络，每个网络最多只能包含 254 台主机

根据第一段数字的范围判断 IP 地址属于哪一类，例如，113.15.200.29 是 A 类地址，172.18.39.101 是 B 类地址，193.141.15.168 是 C 类地址。

五、域名

域名如同商标是网站的标志，网站要在网上得到推广，首先需要给网站申请一个域名，通过这个名字，才可以方便他人的访问。

1. 域名的概念

IP 地址是数字型的网络和主机标识，由于不便于记忆，因此出现了字符型的标识，即域名（Domain Name），就是用人性化的名字表示的主机地址。目前使用的域名命名是一种层次型命名法，它与网络的层次结构相对应，如图 1–2–2 所示。

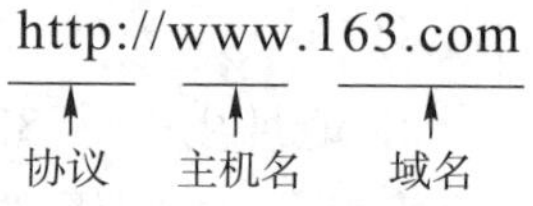

图 1–2–2　域名举例

2. 域名的分类

目前互联网上的域名体系中共有国际域名、国内域名、新顶级域名三类。

（1）国际域名

国际域名也叫国际顶级域名，这也是使用最早也最广泛的域名。例如，表示工商企业的“.com”，表示网络提供商的“.net”，表示非营利性组织的“.org”等。

（2）国内域名

“.cn”为国内顶级域名、“.com.cn”为商业机构、“.net.cn”为网络服务机构、“.org.cn”为非营利性组织、“.gov.cn”为政府机关。

（3）新顶级域名

如“.biz”是“.com”的替代者，取意来自英文单词 business（商业）；“.info”是信息时代最明确的标志，取意来自英文单词 information（信息）；“.name”一般由个人注册和使用。

3. 域名服务器

DNS 是域名系统“Domain Name System”的缩写，它是由解析器和域名服务器组成的。域名服务器是指保存有该网络中所有主机的域名和对应 IP 地址，并具有将域名转换为 IP 地址功能的服务器。将域名映射为 IP 地址的过程就称为“域名解析”。在 Internet 上域名与 IP 地址之间是一对一（或者多对一）的，域名虽然便于人们记忆，但机器之间只能互相认识 IP 地址，它们之间的转换工作称为域名解析，域名解析需要由专门的域名解析服务器来完成，DNS 就是进行域名解析的服务器。在上网时输入的网址，是通过域名解析系统解析找到了相对应的 IP 地址，这样才能上网。也就是说，域名的最终指向是 IP 地址。

六、电子商务网站的需求分析

电子商务网站的设计是为了展现企业形象、介绍产品和服务、体现企业的发展方向，因此必须明确网站建设的目标与市场定位，明确客户与竞争对手的基本情况，明确网站建设的可行性条件，从而做出切实可行的设计计划。要根据用户的需求、市场的相关情况及企业自身情况等多方面加以考虑，牢记要以客户为中心，在此基础上对网站进行设计和美化。

技能训练

一、网络服务器构建

1. IP 地址的设置

（1）选择桌面→网上邻居→属性。

（2）在弹出的网络连接窗口，选择“本地连接”→右键单击“属性”。

（3）在“本地连接属性”对话框中双击“Internet 协议（TCP/IP）”选项，打开“Internet 协议（TCP/IP）属性”对话框，如图 1–2–3 所示。

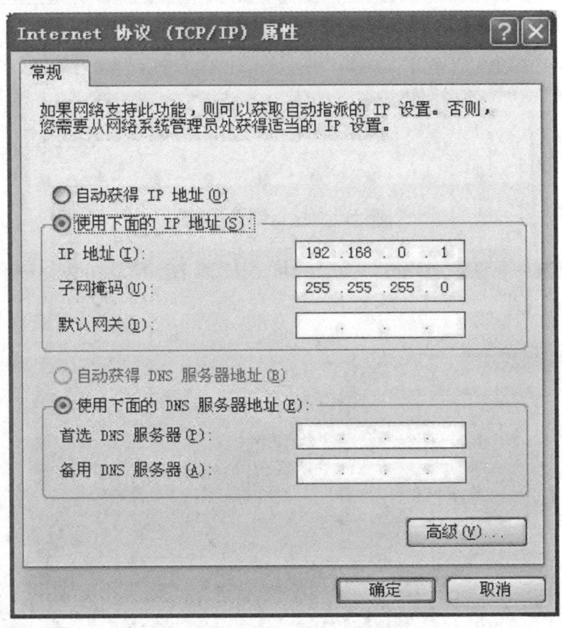

图 1–2–3　IP 地址设置

2. IIS 的安装

（1）右键单击“计算机”，选择“管理”，打开“服务器管理器”，如图 1–2–4 所示。

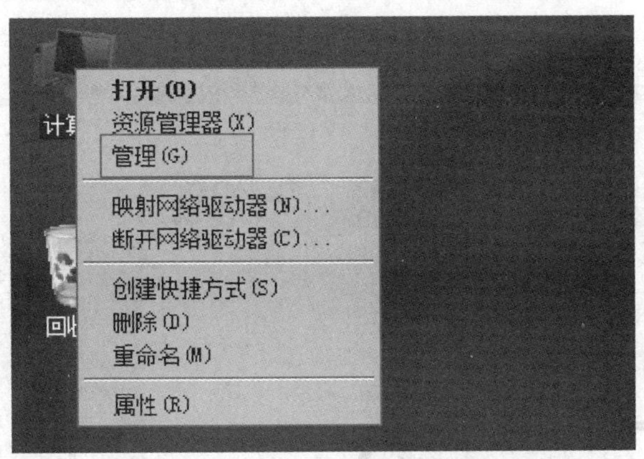

图 1–2–4　打开“服务器管理器”

（2）单击左侧菜单栏“角色”调出角色窗口，如图 1–2–5 所示。

（3）单击“添加角色”，弹出“添加角色向导”对话框，如图 1–2–6 所示。

（4）单击“下一步”，进入“选择服务器角色”选项，选择“Web 服务器（IIS）”，如图 1–2–7 所示。

图 1-2-5　角色窗口

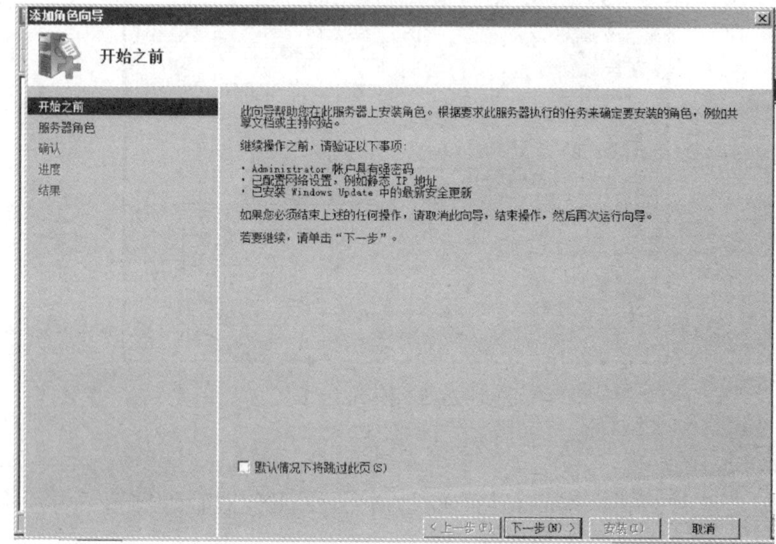

图 1-2-6　开始之前

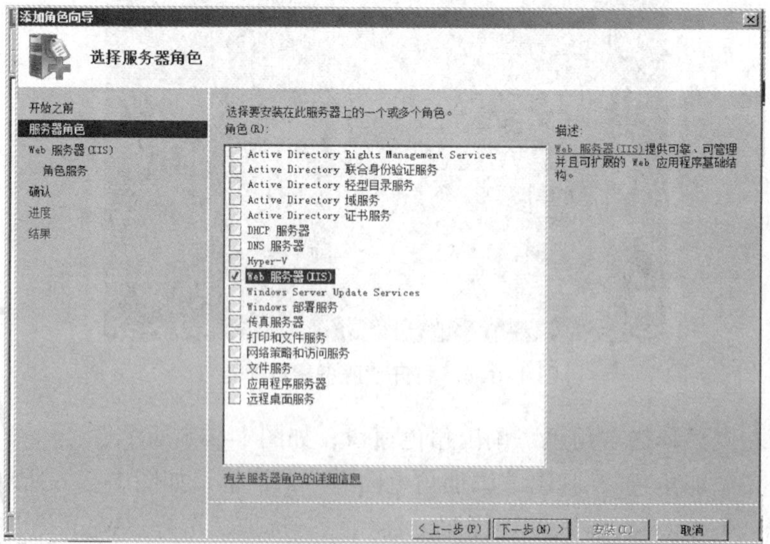

图 1-2-7　服务器角色

（5）勾选“Web 服务器（IIS）”，单击“下一步”，弹出“Web 服务器（IIS）”，如图 1-2-8 所示。

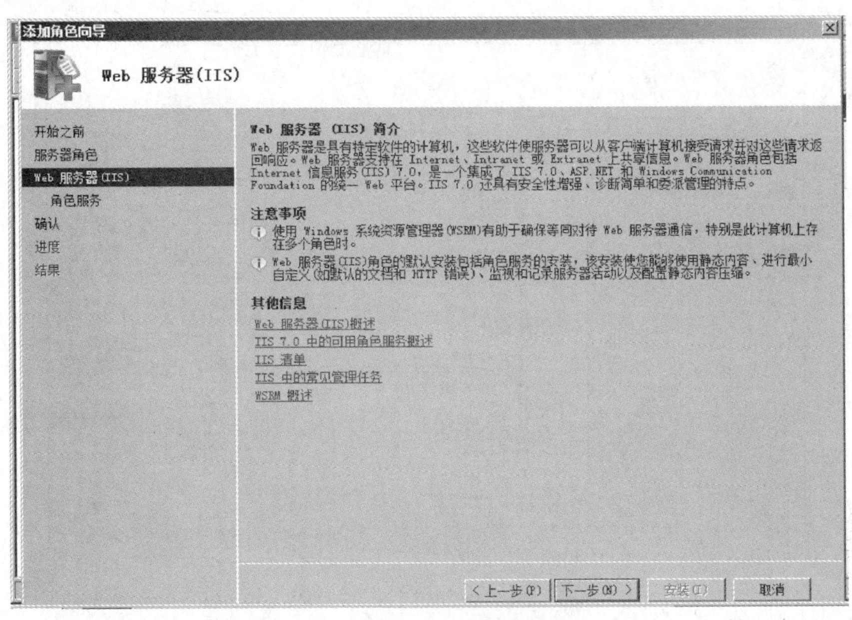

图 1-2-8　Web 服务器角色

（6）单击“下一步”，出现“选择角色服务”对话框，选择本书动态网站所需服务，此处选择“ASP”，弹出“是否添加 ASP 所需的角色服务？”对话框，如图 1-2-9 所示。

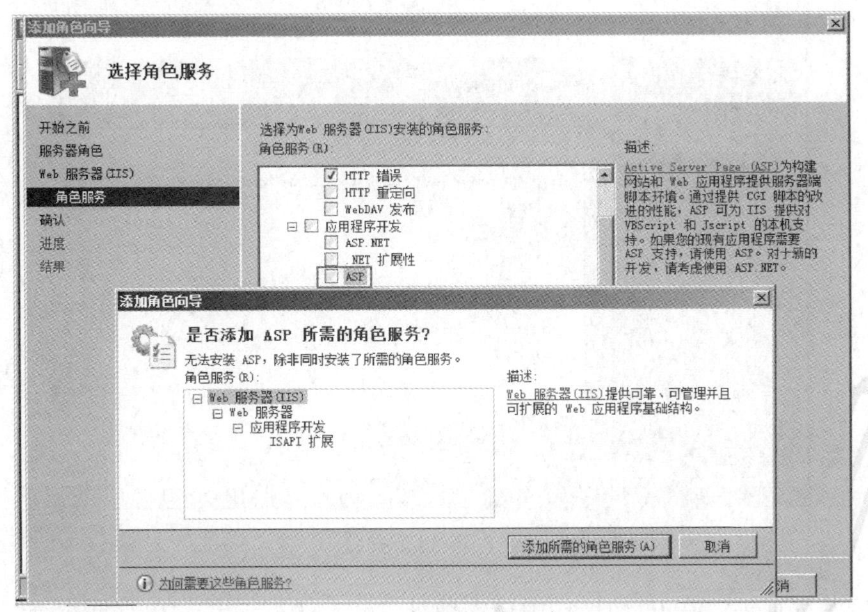

图 1-2-9　角色服务

（7）单击“添加所需的角色服务（A）”，在弹出的对话框中选择“ASP”，如图 1-2-10 所示。

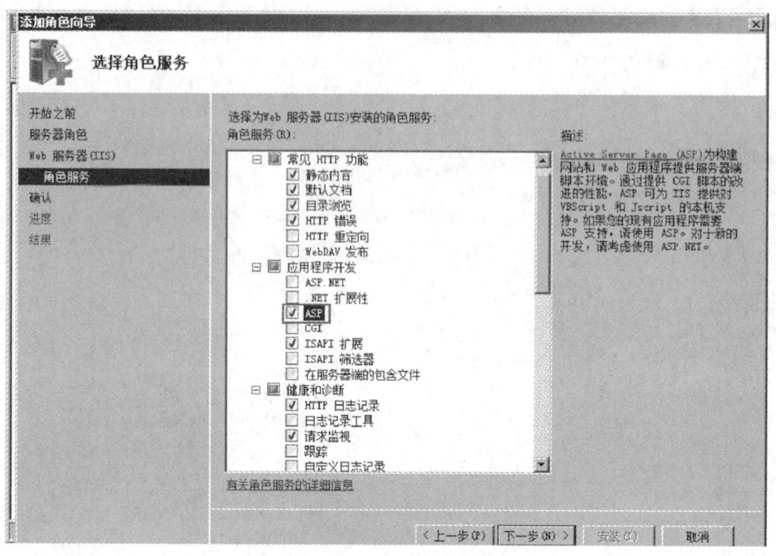

图 1-2-10　所需角色服务

（8）单击“下一步”，弹出如图 1-2-11 所示对话框，单击“安装”，即可完成组件及功能的安装。

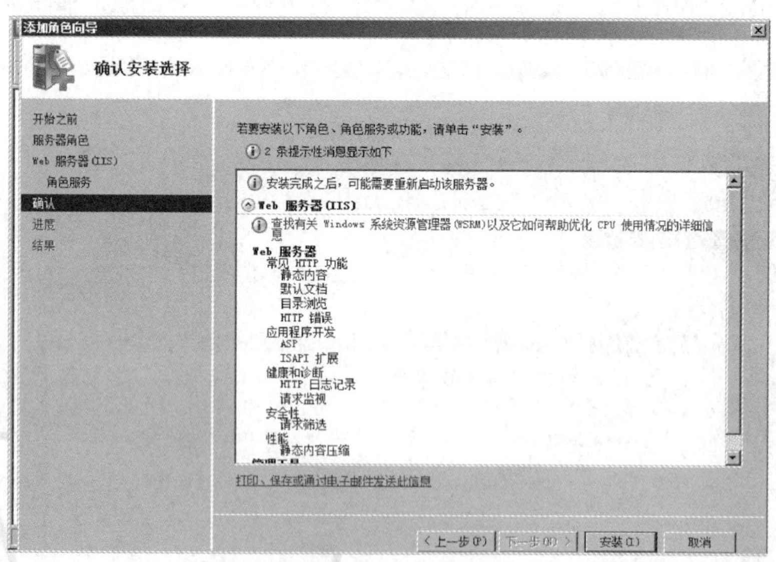

图 1-2-11　安装

（9）安装完成后，在 IE 地址栏中输入地址“127.0.0.1”，然后单击回车键，可以检测安装是否成功，出现如图 1-2-12 所示的内容则表示安装成功。

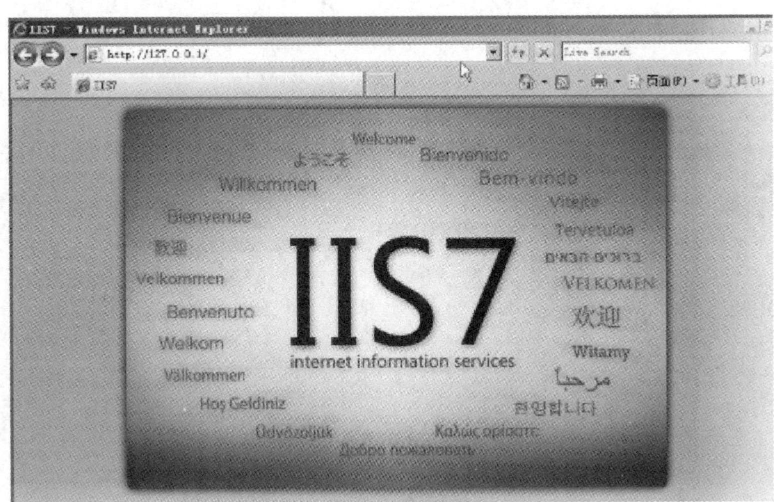

图 1–2–12　IIS7 欢迎页面

3. Web 服务器的配置

（1）打开 IIS 管理器

选择"控制面板→管理工具→ Internet 信息服务"，如图 1–2–13 所示。

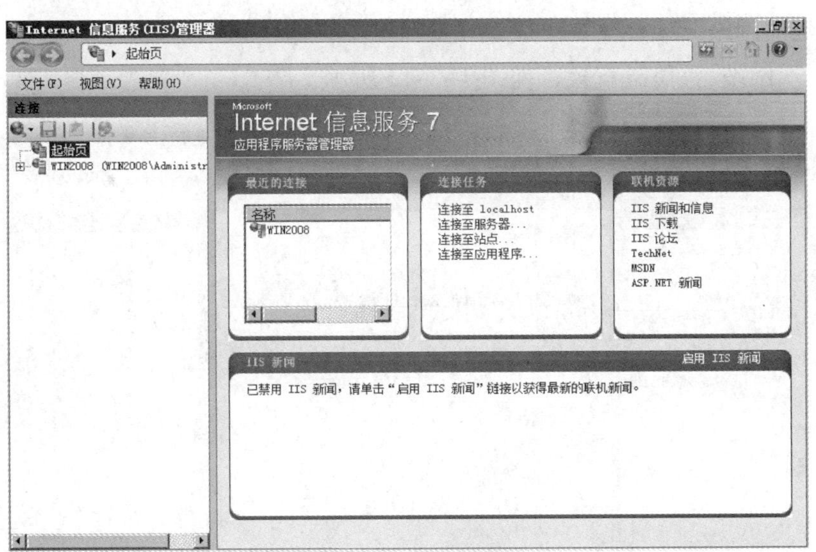

图 1–2–13　IIS 管理

（2）32 位应用程序设置

Windows Server 2008 有 32 位和 64 位之分，为了充分利用内存，一般都选择 64 位的服务器操作系统。而 32 位的 Web 应用程序在 64 位的系统上运行，需要启用 32 位应用程序，操作如图 1–2–14 所示，单击"WIN2008"前的"+"，选择"应用程序池"，单击中间"应用程序池"窗口下的"DefautAppPool"，然后再选择右侧的"高级设置"，出现高级设置页面，选中“启用 32 位应用程序”，设置其值为“True”。

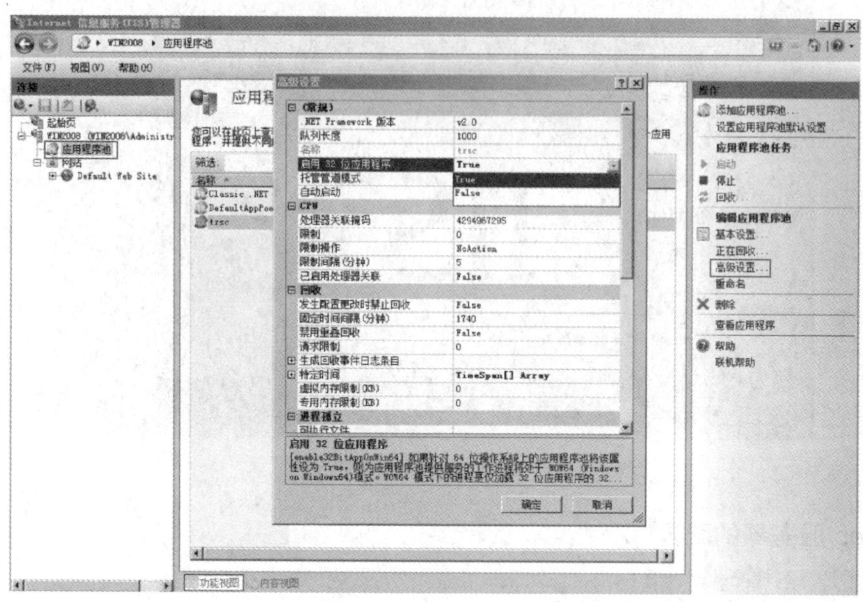

图 1-2-14　启用 32 位应用程序

（3）新建“网站”项

1）选中“网站”，单击右键，如图 1-2-15 所示。

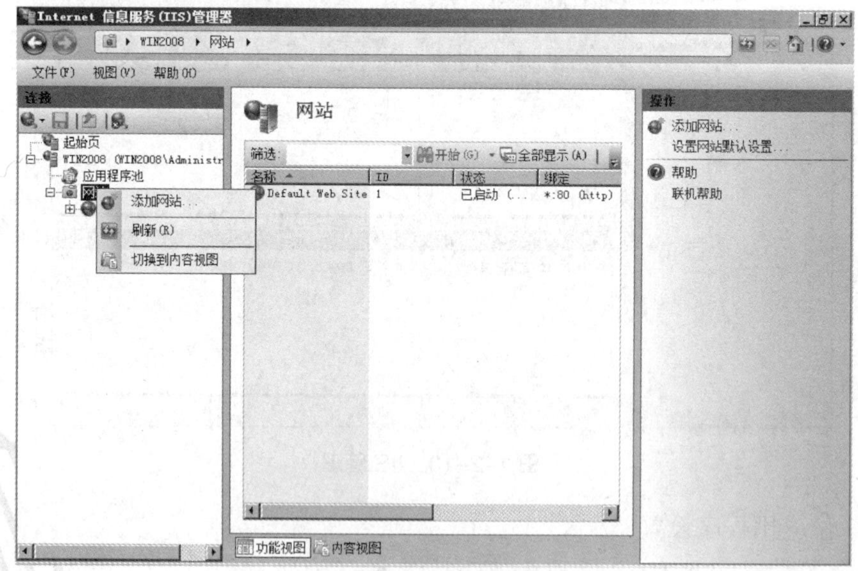

图 1-2-15　添加网站

2）单击“添加网站”，弹出“添加网站”对话框，输入网站名称，如“tzsc”（网站名称可以自定义）。设置物理路径，通过“浏览”按钮来选择的网页文件所在的目录，本书是“E:\tzsc”（在 E 盘建一个 tzsc 的站点文件夹）。在“IP 地址”一栏输入“192.168.0.1”（本机的 IP 地址）；“端口”维持原来的“80”不变，如图 1-2-16 所示，单击“确定”完成网站的设置。

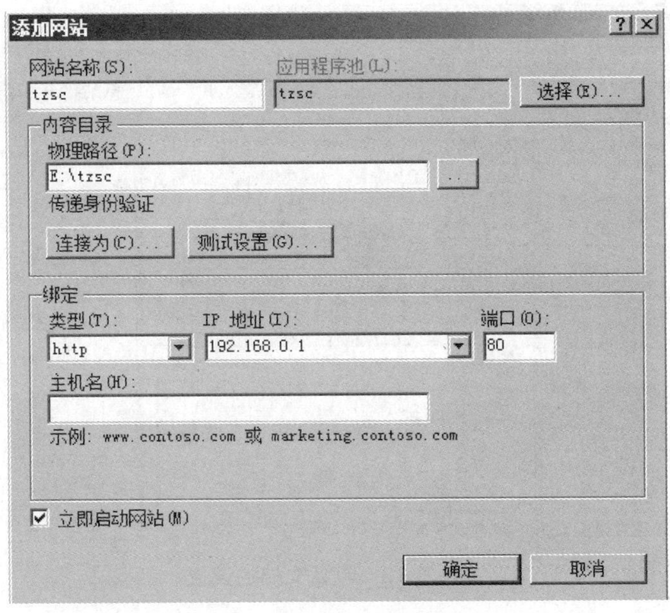

图 1-2-16 网站相关设置

（4）默认文档设置

1）单击“tzsc”网站，选择“默认文档”，如图 1-2-17 所示。

图 1-2-17 默认文档选择

2）双击“默认文档”，弹出“默认文档”页面，单击右侧的“添加”，弹出“添加默认文档”对话框，输入默认文档名为“index.asp”（默认文档将是电商网站的首页），如图 1–2–18 所示。

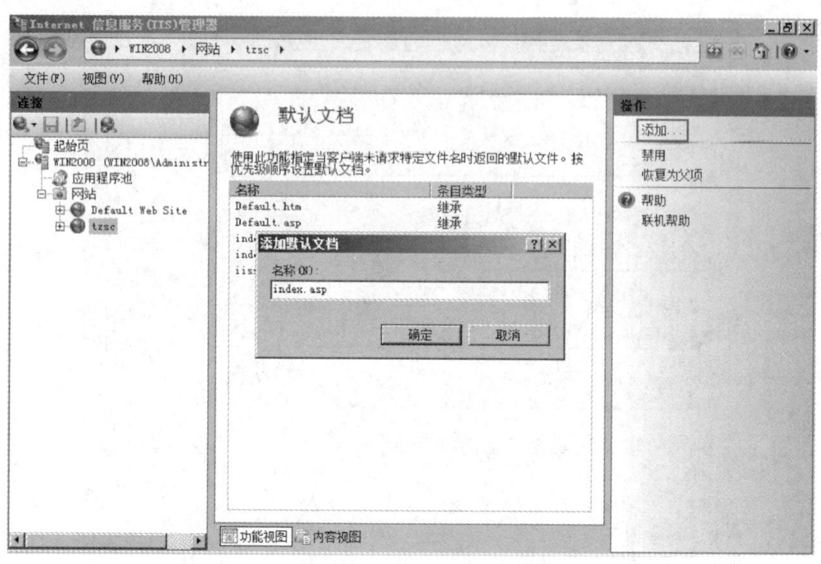

图 1–2–18　默认文档的设置

3）单击“确定”，完成默认页面的设置。可通过 IE 浏览器，输入“http://192.168.0.1”进行访问。

（5）启用父路径

1）选择左侧“tzsc”，出现如图 1–2–19 所示的页面。

图 1–2–19　tzsc 主页

2）双击“ASP”，打开如图 1-2-20 所示的页面，选择“启用父路径”，设置其值为“True”。

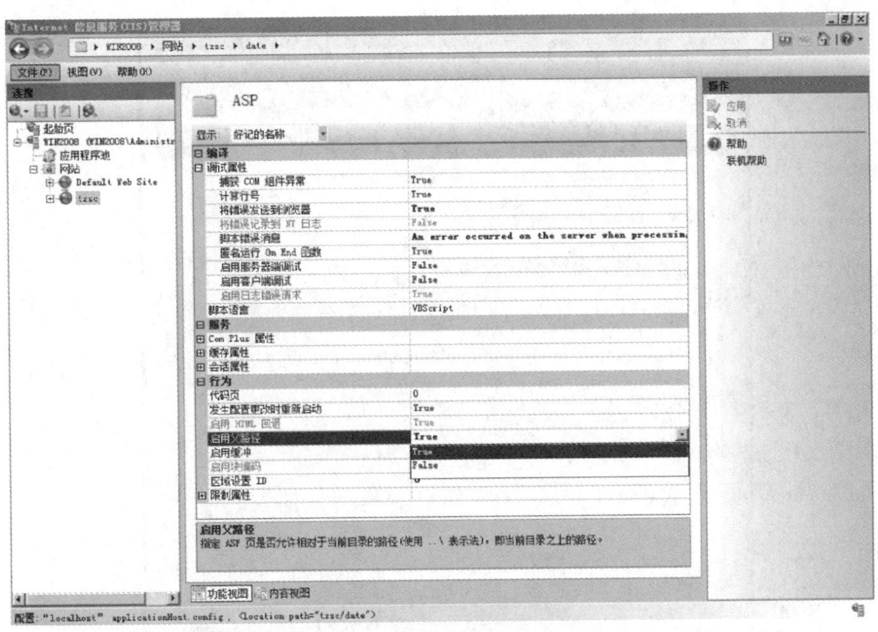

图 1-2-20　启用父路径

二、动态网页站点建立

1. 打开 Dreamweaver 软件，选择菜单栏中的“站点→新建站点”，站点起名为“tzsc”，如图 1-2-21 所示。

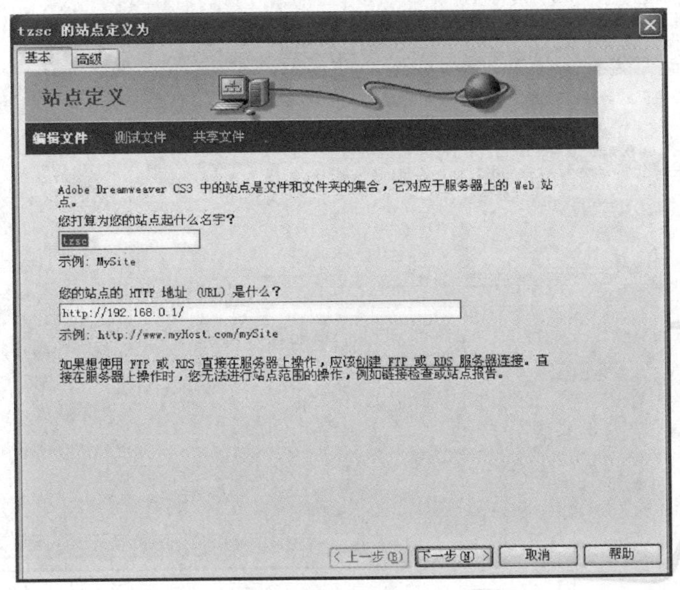

图 1-2-21　站点定义

2. 单击“下一步”，出现如图 1-2-22 所示的对话框，选择“是，我想使用服务器技术”，并在下拉选项中选择“ASP VBScript”。

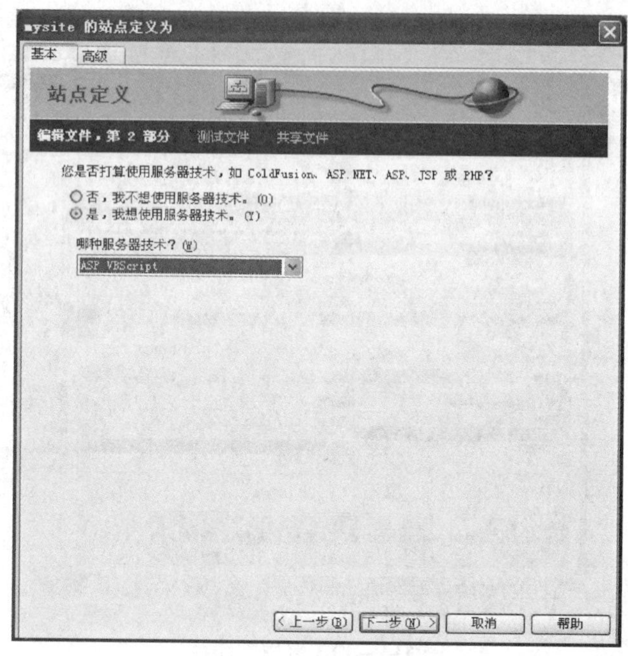

图 1-2-22　服务器技术

3. 单击“下一步”，出现如图 1-2-23 所示的对话框，在文件存储的位置选择“E:\tzsc\”。

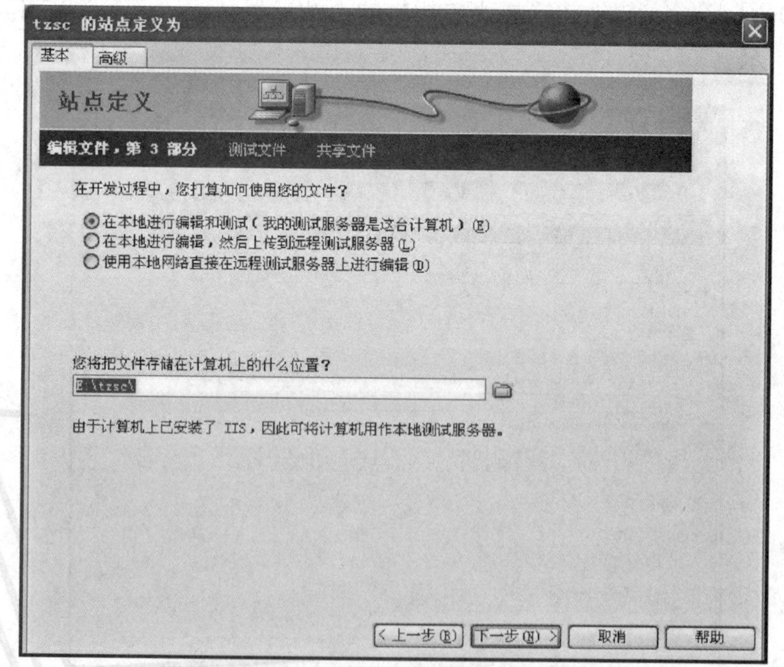

图 1-2-23　文件存储位置

4. 单击“下一步”，直到“完成”，使用默认设置，完成站点的建立，效果如图 1-2-24 所示。

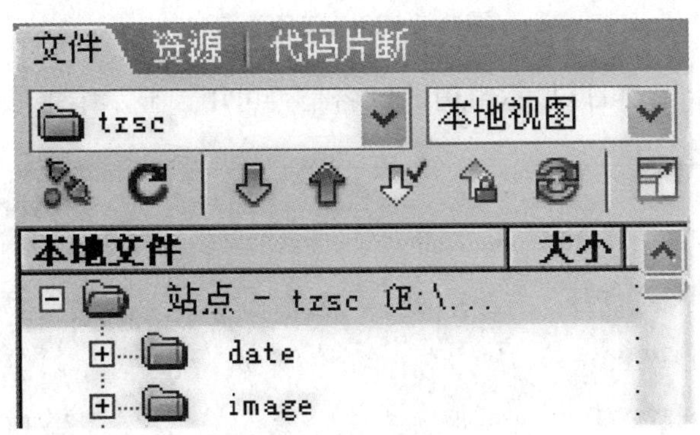

图 1-2-24　文件面板

三、电子商务网站框架设计

本书建设的校园跳蚤市场网站，其框架设计如图 1-2-25 所示。

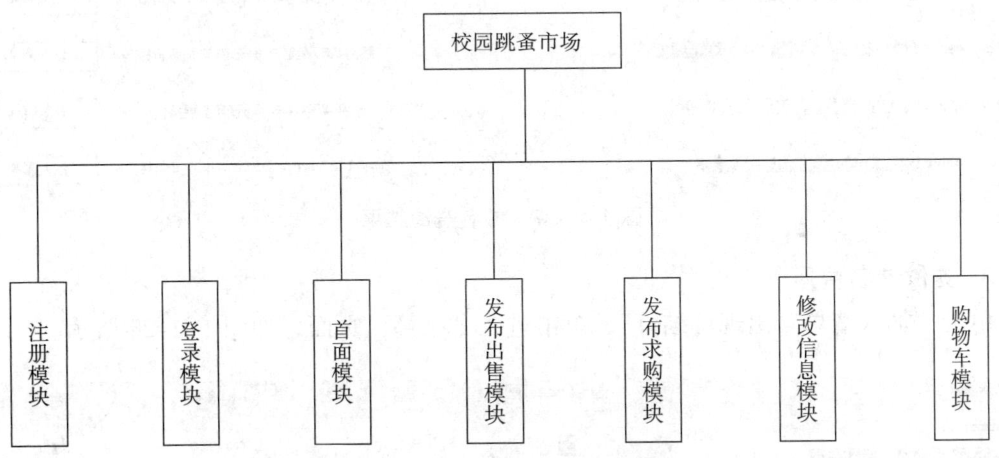

图 1-2-25　校园跳蚤市场模块组成

四、域名申请

1. 选择域名申请机构

网络上有很多域名申请机构，可以到中国万网、中国新网等去申请。

2. 进行注册

注册域名与注册商标一样，使用前一定要先查询一下该域名是否已被人注册过，例如打开中国万网：

（1）输入要查询的域名，如图 1-2-26 所示。

超过10,000,000域名在万网注册 cjstzsc .com 查域名

图 1–2–26　域名查询

（2）单击“查域名”，可以显示申请的域名是否可用，显示结果如图 1–2–27 所示。

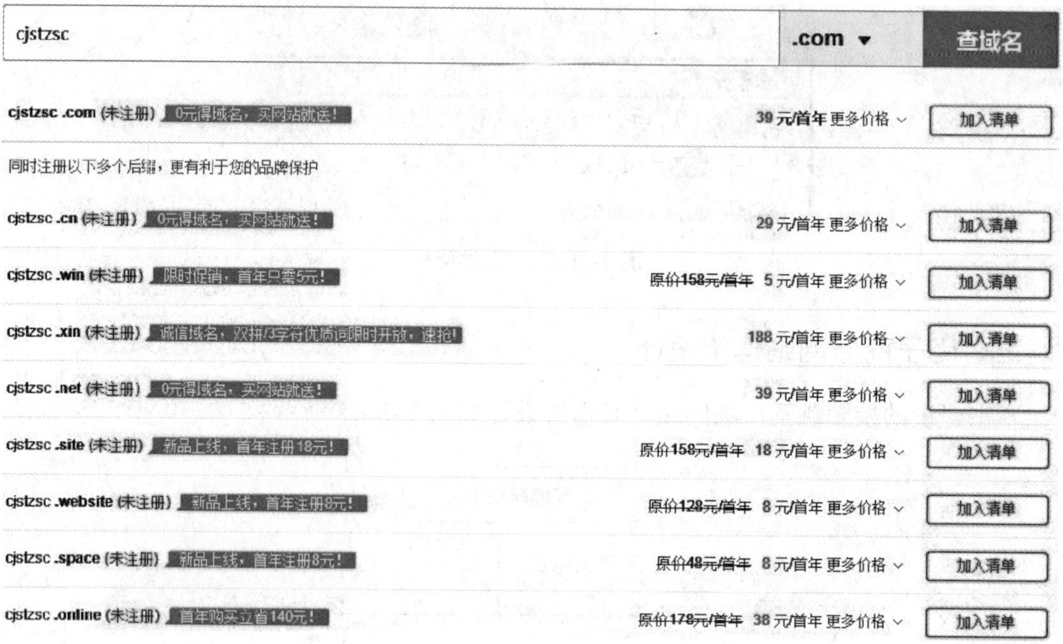

cjstzsc .com 查域名

cjstzsc .com (未注册) 0元得域名，买网站就送！ 39 元/首年 更多价格 加入清单

同时注册以下多个后缀，更有利于您的品牌保护

cjstzsc .cn (未注册) 0元得域名，买网站就送！ 29 元/首年 更多价格 加入清单

cjstzsc .win (未注册) 限时促销，首年只需5元！ 原价158元/首年 5 元/首年 更多价格 加入清单

cjstzsc .xin (未注册) 诚信域名，双拼/3字符优质词限时开放，速抢! 188 元/首年 更多价格 加入清单

cjstzsc .net (未注册) 0元得域名，买网站就送！ 39 元/首年 更多价格 加入清单

cjstzsc .site (未注册) 新品上线，首年注册18元！ 原价158元/首年 18 元/首年 更多价格 加入清单

cjstzsc .website (未注册) 新品上线，首年注册8元！ 原价128元/首年 8 元/首年 更多价格 加入清单

cjstzsc .space (未注册) 新品上线，首年注册8元！ 原价48元/首年 8 元/首年 更多价格 加入清单

cjstzsc .online (未注册) 首年购买立省140元！ 原价178元/首年 38 元/首年 更多价格 加入清单

图 1–2–27　域名查询结果

3. 支付域名费用

单击“加入清单”出现“结算”，单击进入“结算”页面，如图 1–2–28 所示。

产品内容	批量选择年限	优惠	价格	操作
cjstzsc.com 赠20元云主机代金券，每账号限1张	3年	省0元	￥149.00	删除

您的域名所有者为：○ 个人 ○ 企业 如何选择？

订单金额：￥149.00

继续选域名 立即购买

图 1–2–28　域名结算

思考与练习

1. IP 地址可以分为几类，如何进行区分？
2. 域名可以分为几类？请举例说明。

3. 请说明下面 IP 地址分别属于哪一类型？

（1）125.24.56.89

（2）192.168.10.200

（3）224.16.79.120

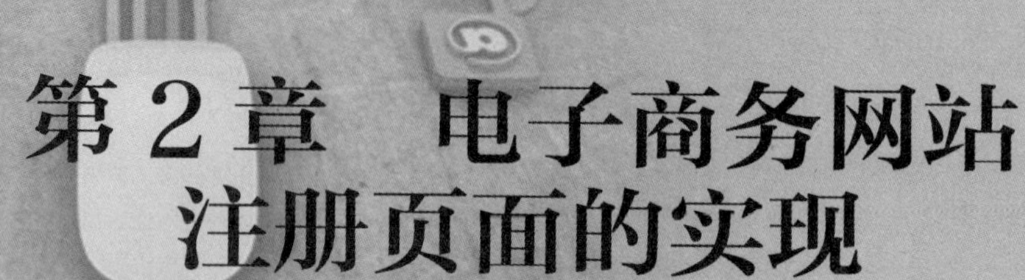

第 2 章 电子商务网站注册页面的实现

第 1 节 注册页面设计

注册页面用 HTML 来完成，通过表单、控件实现人机对话页面，其布局可以用表格来实现，也可用 CSS 进行布局和美化。

一、HTML 标记符及通用属性

1. 常用标记符及属性

网页标记 <html>，头部标记 <head>，网页标题标记 <title>，主体标记 <body>，段落标记 <p>，加粗标记 <b>。

超链接标记 <a>，属性：超链接目标的地址或锚点 href。字体标记 <font>，属性：字体 face，字号 size，颜色 color。

以上标记符都是成对的，以 </……> 结束。

图片标记 <img>，属性：图片文件的地址 src，图片的文字说明 alt。

换行标记
。通用属性见表 2–1–1。

表 2–1–1 通用属性

含义	属性	值
对齐方式	align	居中 center，左对齐 left，右对齐 right
垂直对齐方式	valign	居中 middle，顶端对齐 top，底端对齐 bottom
宽度	width	整数或百分数
高度	height	整数或百分数
背景颜色	bgcolor	RGB 值

续表

含义	属性	值
背景图片	background	图片地址
名称	name	自定义
编号	id	自定义
类	class	自定义
大小	size	整数
数值	value	自定义

2. 表格及属性

表格 <table>，表格标题 <caption>，行 <tr>，列标题 <th>，单元格 <td>。

常用属性：边框类型 border、跨列 colspan、跨行 rowspan、单元格边框到文字的距离 cellpadding、单元格与单元格的间隙 cellspacing。

3. 表单、控件及属性

表单 <form>，常用属性：表单提交的接收文件 action；提交方式 method，其值有 post 和 get，post 方式是以文件形式不限长度提交，get 是显示在 URL 地址后限长度提交。

输入控件 <input>，属性：类别 type，其值有单行文本域 text、密码域 password，单选按钮域 radio、复选按钮域 checkbox、文件域 file、提交按钮 submit、重置按钮 reset、普通按钮 button、隐藏按钮 hidden。

选择 <select>，选择选项 <option>；文本区 <textarea>，属性：行数 rows，列数 cols。

4. 常用事件

点击事件：onclick；鼠标进入事件：onmouseover；鼠标离开事件：onmouseout；控件改变时的事件：onchange。

5. 常量

 ；空格

"；“"”

6. 调用外部文件

调用外部文件可以使用 html 语言的注释标记来完成，语句格式为：

<!--#include file=" 路径 / 文件名 "-->

路径是文件所在的地址，如在同一文件夹中可省略，如在下一级则写上文件夹名，文件名注意要全称即包括扩展名。

二、CSS 样式

1. CSS 样式概述

CSS 是层叠样式表“Cascading Style Sheets”的简称，利用它可以对网页文本内容进行精确的格式化控制。CSS 样式不仅能够控制一篇文档中的文本样式，通过采用外部链接的方式，还可以控制多篇文档的文本格式。对 CSS 样式的定义进行修改时，文档中所有应用该样式的文本格式也会自动发生改变。

CSS 样式通常用名称或是 HTML 标记来表示，HTML 文档中的 CSS 样式不仅可以控制大多数文本格式属性，如字体、字号、对齐方式等，还可以定义一些特殊的 HTML 属性，例如定位、特效等。

CSS 样式的定义代码一般书写在 HTML 文档的头部，通常由一系列样式的定义组成。它可以应用到使用标注 HTML 标记所格式化的文本上，可以定义到通过 class 属性所定义范围的文本上，也可以应用到其他符合 CSS 标准规范的文本上，也可以设计成独立的 CSS 文件，还可以用 HTML 属性来设定。

2. CSS 的基本语法

（1）内联式

内联式是嵌入在 HTML 标记符中的，它由属性 style 来设定，基本格式如下：

Style=" 属性 : 值；…"

例如：

<td style="color:#ff0000；font-family:" 宋体 "；"> 定义该单元格中的文档为红色、宋体。

（2）嵌入式

嵌入式是定义在 <style> 标记符中的，基本格式如下：

```
<style type="text/css">
<!--
  样式系列
-->
</style>
```

其中“<!--”及“-->”为客户端注释语句，加了将在服务器端执行。样式由选择器、属性、属性值三部分组成，其格式如下：

选择器 1［，选择器 2，…{ 属性 : 值；…}

3. CSS 选择器类型

（1）类（可应用于任何标签的 class 属性）

可以生成一个新的样式表，制作完毕后可以在样式面板中看到制作完成的样式。在应用的时候，首先在页面选中对象，然后选择“样式”右键单击“套用”即可。该类型样式名称必须以英文句点“.”开头，如果没有输入句点，Dreamweaver 会自动添加在“名称”文本框中。它是唯一可以被应用于文档中任何文本的样式类型，而不用考虑控制文本的标签。所以可用于类样式的名称都将显示在样式工具栏中。

例如：.ca{color:#111111；font-size:18px；} 把标记符中 class="ca" 的文档设成深灰色、18 像素大小。

（2）标签（重新定义特定标签的外观）

可以将现有的标签赋上样式，制作完毕以后不需要选中对象就可以直接应用到页面上去。

例如：h1{color:#111111；font-size:24px；} 段落标题 <h1> 的重新定义。

a{font-family:“黑体”；font-size:24px；} 设置超链接的字体及大小。

（3）复合内容（ID、伪类选择器等）

复合内容用于为具体的某个标签组合或包含特定属性的标签定义格式。ID 是唯一指定的标识，在当前文档中不应重复，ID 应用的样式名称是以“#”号开始的。伪类用于向某些选择器添加特殊的效果，如超链接时不同状态显示效果不同。

例如：ID#ab{color:#111111；font-size:15px；} 把标记符中 ID="ab" 的文档设成深灰色、15 像素大小。

伪类 a:link{color:#FF0000；} 链接的颜色，a:visited{color:#FF0033；} 已访问链接的颜色，a:hover{color:#FF9933；} 变换图像链接。

4. 外部链接的 CSS 和仅应用于当前文档的 CSS

（1）自定义

定义一个外部链接的 CSS。通过“附加样式表”可以把该样式应用于任何链入的页面。

（2）仅仅对该文档

定义的 CSS 样式只能在当前文档中使用。

三、页面的布局

1. 布局的基本要求

（1）重点突出

每张网页都有一个主题或者说有一个功能，在布局上要放置在中心位置，重笔浓墨让客户一目了然，主题突出。

（2）平衡

页面一定要让客户有一种安定、平衡的感觉，文档、图像等各种要素均匀分布，色调也要平衡，上下左右平衡，给人稳重、协调、庄重、大方的感觉。

（3）对称

对称并不是讲要左右上下两边完全一致，这样会使客户感到网页呆板，而是讲究对称的美，给客户一种美的享受。

（4）疏密均匀

一张页面既不要过于拥挤，给客户密不透气的沉闷感；也不要过于松散，显得内容单调、缺乏。疏密有度、色彩饱满、内容丰富是优秀网页的必备条件。

2. 常见的布局结构（见表 2–1–2）

表 2–1–2　常见的布局结构

类型	说明
回字型	上部放网站的 Logo、Banner、导航条、搜索引擎等；左部可以放广告、网站新闻、友情链接、商品类别导航等；右部可以放网页的主题内容；下部可以放联系信息、链接，如联系我们、我要投诉等
国字型	和回字型的上部、左部、下部一样放置，中部放置网页的主题内容；右部放置广告、信息排行、重点宣传等
拐角型	上部和回字型一样，右部放置网页的主题内容
三字型	上部、下部和回字型一样，中间放置网页的主题内容
左右型	左部放网站的 Logo、Banner、导航条、广告、网站新闻、友情链接等；右部放置网页的主题内容

3. 布局设计步骤

（1）明确页面的内容

每张页面需要放置什么内容，哪些是辅助的，哪些是常用的，哪些是主要的。

（2）选择布局结构

选好一种布局架构，画一张草图，把每个内容安排在设想的位置上，并遵守布局的要求。

（3）设定布局技术

建议首选表格，再用 CSS 修正、美化，内容多时可考虑表格的嵌套。

（4）布局细化

按内容设定表格的属性，如表格的宽、高、线条、对齐方式等，再加 CSS，一张主题突出、布局平衡、稳重协调、庄重大方的页面布局就完成了。

技能训练

一、新建及保存 ASP 文件

打开 Dreamweaver，如图 2–1–1 所示。

双击 ASP VBScript，新建 ASP 文件，或选择菜单“文件”/“新建”，打开新建文档对话框，如图 2–1–2 所示。

单击“空白页”选项卡，页面类型选“ASP VBScript”，单击“创建”按钮，新建的 ASP 文件，如图 2–1–3 所示。

将网页标题修改为“校园跳蚤市场——首页”，如图 2–1–4 所示。

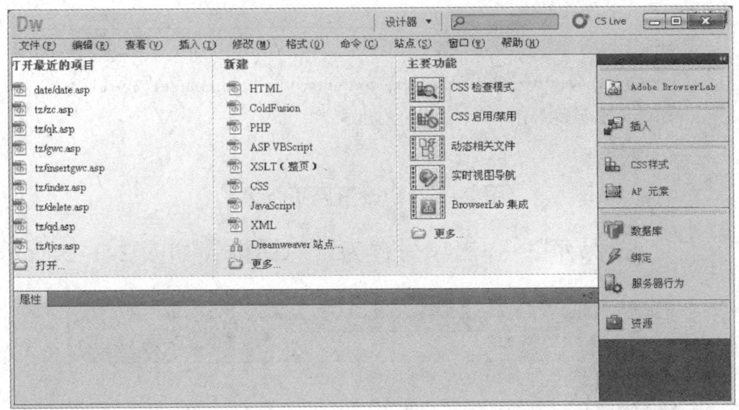

图 2-1-1　打开 Dreamweaver

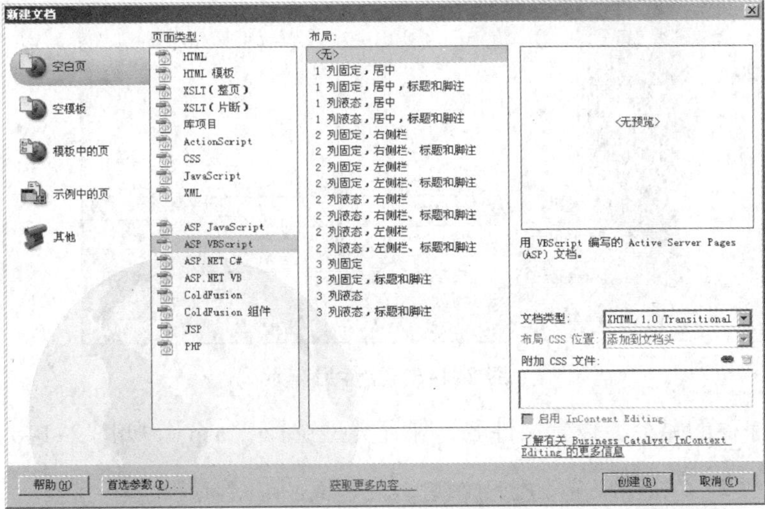

图 2-1-2　新建文档

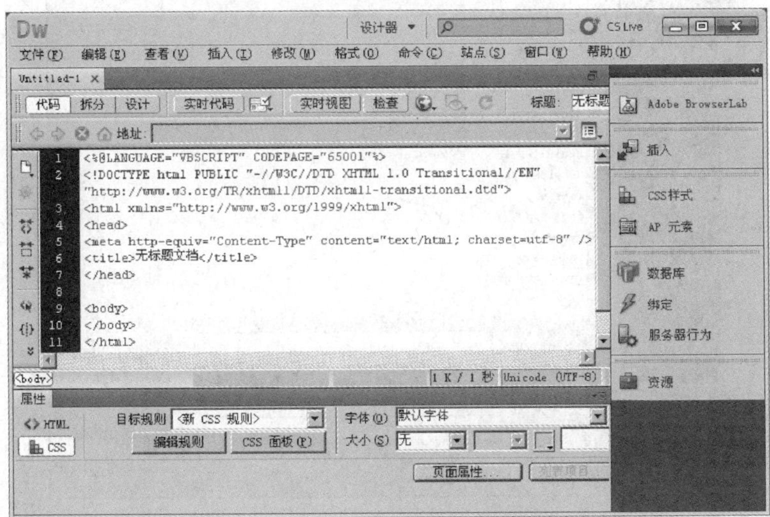

图 2-1-3　新建 ASP 文件

```
<head>
<meta http-equiv="Content-Type"content="text/html;charset=uft-8"/>
<title> 校园跳蚤市场 -- 首页 </title>
</head>
```

图 2-1-4　设置网页标题

选择菜单“文件”/“保存”，弹出“另存为”对话框，如图 2-1-5 所示。

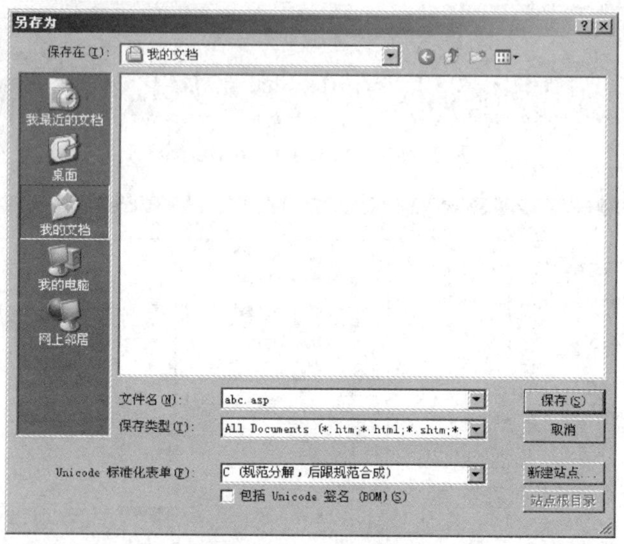

图 2-1-5　文件另存为

选择文件保存的路径，设置文件名，保存类型选择“.asp”，如图 2-1-6 所示。

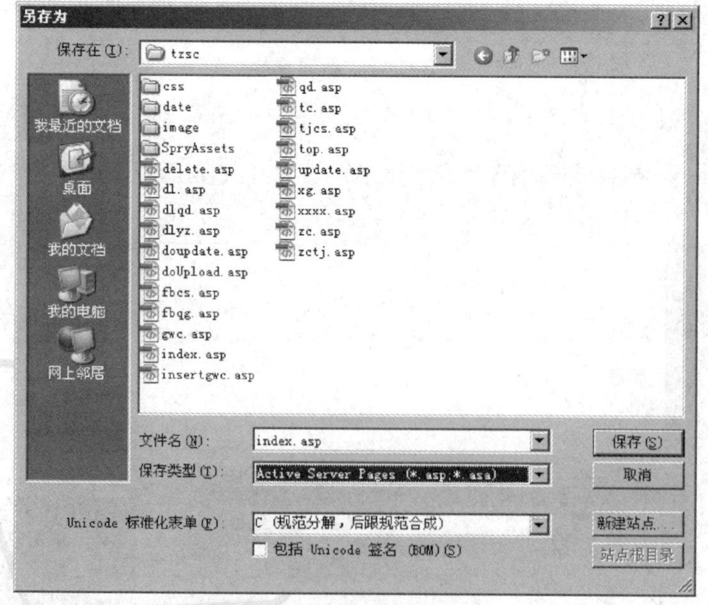

图 2-1-6　保存文件

单击“保存”，ASP 文件创建完成。文件名最好用该文件功能的英文单词来命名，如首页为“index”，登录页为“login”等，也可以用拼音字母，如注册为“zc”，登录为“dl”等，这样便于管理。

二、网页头部设计

网页头部通常包括常用链接，如登录、注册的链接，网店 Logo、Banner、导航条等，可以按照图 2-1-7 所示来进行设计。

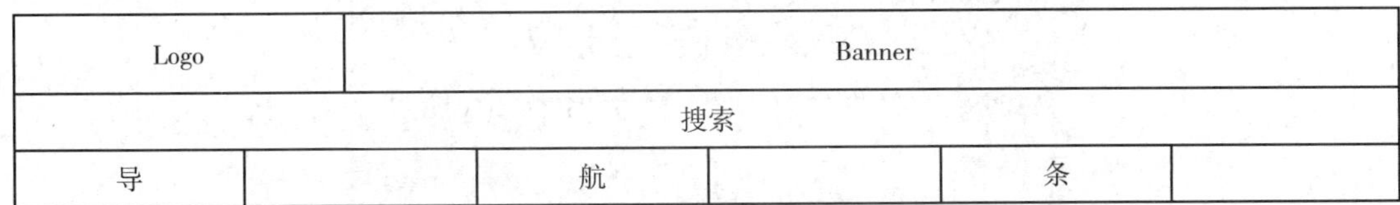

图 2-1-7　页面布局

框架布局可以用表格，而导航条则是网站各模块的超链接，应该按网站需求和功能模块来设计，例如，图 2-1-8 所示为校园跳蚤市场的网页头部，设计过程如下：

图 2-1-8　校园跳蚤市场头部

打开 Dreamweaver，新建 ASP+Vbscript 网页，单击菜单“插入”/“表格”，打开“表格”对话框，设置行数为“3”，列数为“1”，表格宽度为“800 像素”，边框粗细为“0”，如图 2-1-9 所示。

单击“确定”。表格对齐方式居中，单击 table 标记符后，单击空格，选 algin 属性，选值“center”，如图 2-1-10 所示。

在第一行第一列插入背景图片 Logo 等，单击 td 标记符后，单击空格，选“background 属性”，如图 2-1-11 所示。

单击“浏览”按钮，弹出“选择文件”对话框，选择图片文件的路径、文件名，URL 选择相对路径，如图 2-1-12 所示。

单击“确定”。可以用已学过的知识设计制作 Logo，以建立品牌。通常图片文件存放在单独的文件夹中，方便管理。

表格

表格大小

行数：3　列：1

表格宽度：800 像素

边框粗细：0 像素

单元格边距：0

单元格间距：0

标题

无　左　顶部　两者

辅助功能

标题：

摘要：

帮助　确定　取消

图 2-1-9　新建表格

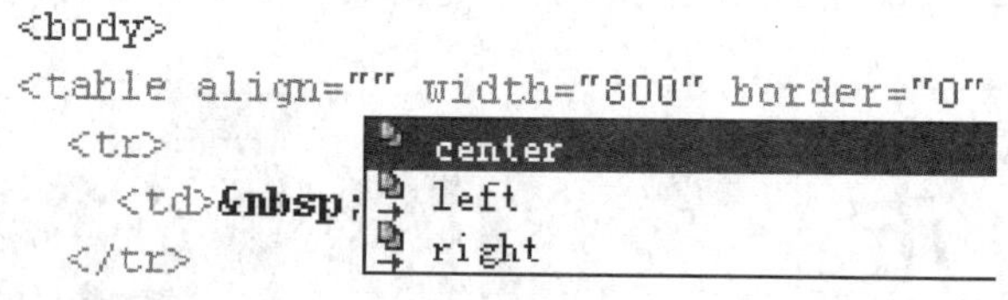

图 2-1-10　表格对齐方式

```
<table width="800" border="0" cellspacing="0" cell
  <tr>
    <td background=""> </td>
  </tr>
```

浏览...

图 2-1-11　插入背景图片

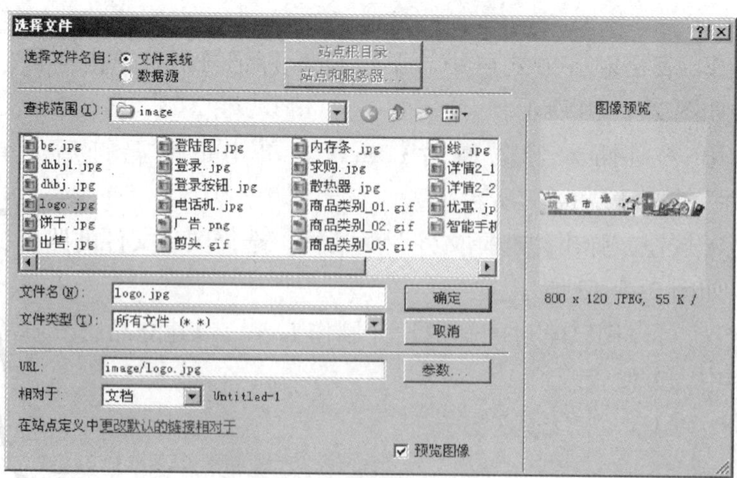

图 2-1-12　插入图片

该单元格设置对齐方式为右对齐：align="right"，垂直对齐方式为顶端对齐：valign="top"。其右上角插入登录、注册超链接，方法是单击菜单“插入”/“超级链接”，弹出“超级链接”对话框，在文本中输入登录，链接中输入登录文件，如图 2–1–13 所示。

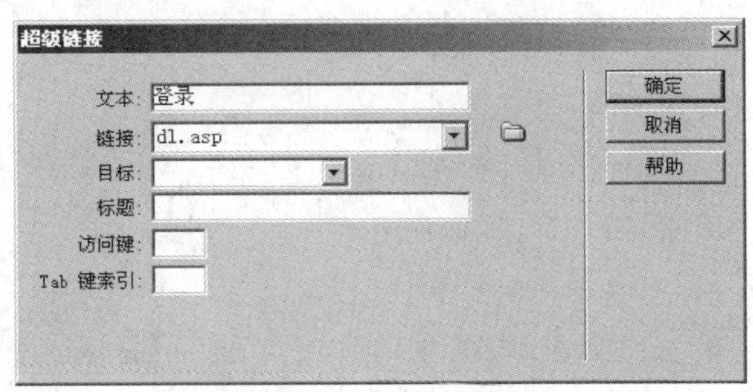

图 2–1–13　超级链接

单击“确定”，用类似方法做注册超链接。第二行的背景放上图片，方法同上，对齐方式为居中；在单元格中加入搜索表单，选择菜单“插入”/“表单”/“表单”，打开“标签设计器”对话框，操作为首页文件“index.asp”，方法为“get”，名称为“form”，如图 2–1–14 所示。

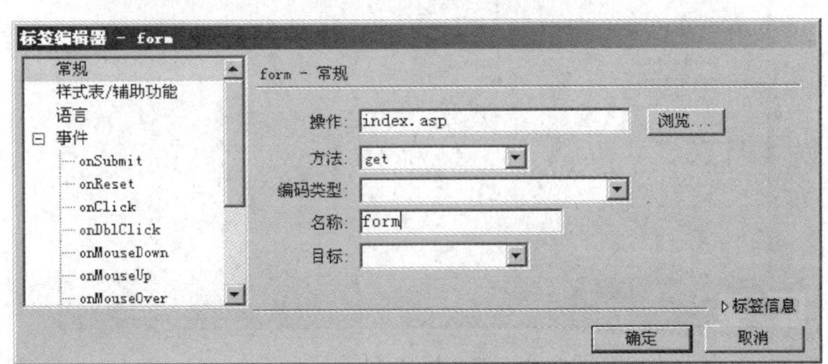

图 2–1–14　插入表单

单击“确定”，在表单中加入文本域和提交按钮，方法是选择菜单“插入”/“表单”/“文本域”，弹出“标签编辑器”对话框，类型选“文本”，名称为“te”，如图 2–1–15 所示。

再插入搜索按钮，选择菜单“插入”/“表单”/“按钮”，弹出“标签编辑器”对话框，类型选择“提交”，名称为“bt”，如图 2–1–16 所示。

单击“确定”，在第三行建立导航条，行的背景放上图片，嵌套插入 1 行 6 列表格，宽为“100%”，边框粗细为“0”，行高为“25”，每个单元格宽度为“20%”，分别在各个单元格添加首页、发布出售信息、发布求购信息、修改信息、我的购物车等超链接。保存好 ASP 文件，文件名自定义，如“top.asp”。

接下来可以对字体、超链接等进行美化，如新建 CSS 文件、新建 CSS 规则，打开新建 CSS 规则对话框，选择器类型选“标签”，选择器名称为“a”，规则定义选“新建样式表文件”，如图 2–1–17 所示。

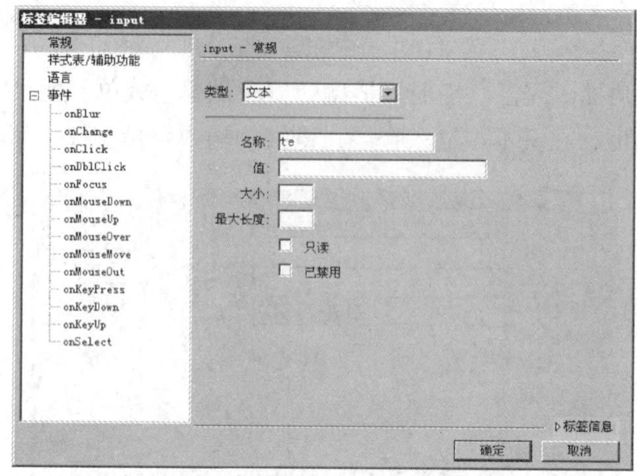

图 2-1-15　标签编辑器（一）

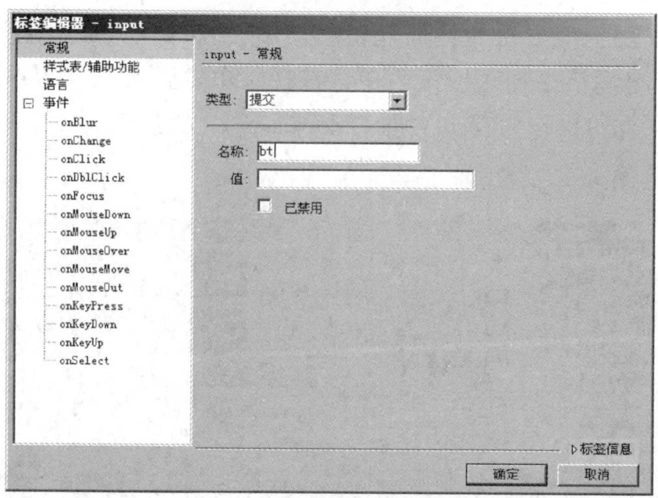

图 2-1-16　标签编辑器（二）

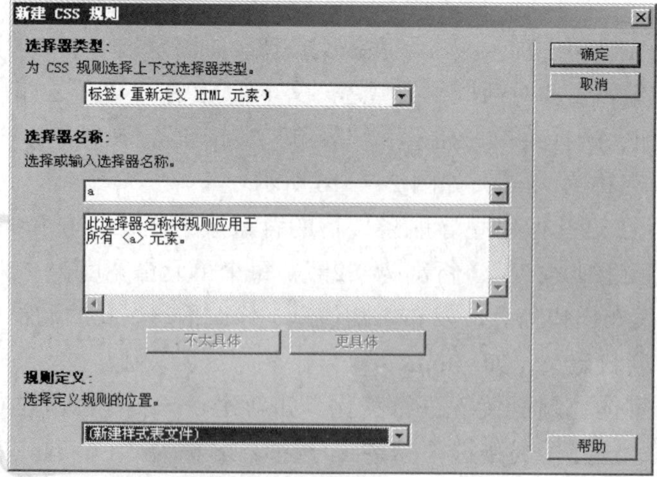

图 2-1-17　新建 CSS 规则

单击“确定”，打开“将样式表文件另存为”对话框，选择文件保存路径，如“css 文件夹”，输入文件名，如“hg1”，如图 2–1–18 所示。

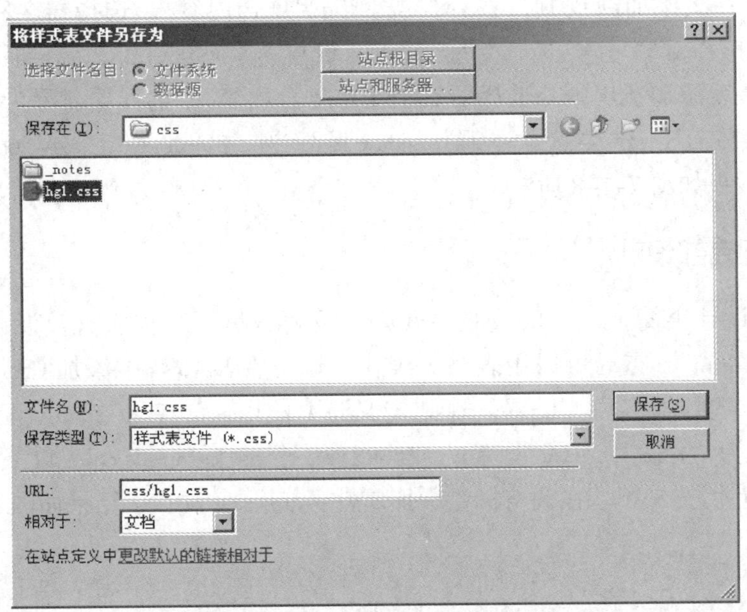

图 2–1–18　将样式表文件另存为

单击“保存”，打开 a 的 CSS 规则定义对话框，其中分类选“类型”，Font–family 选“宋体”，Font–size 选“14”“px”，如图 2–1–19 所示。

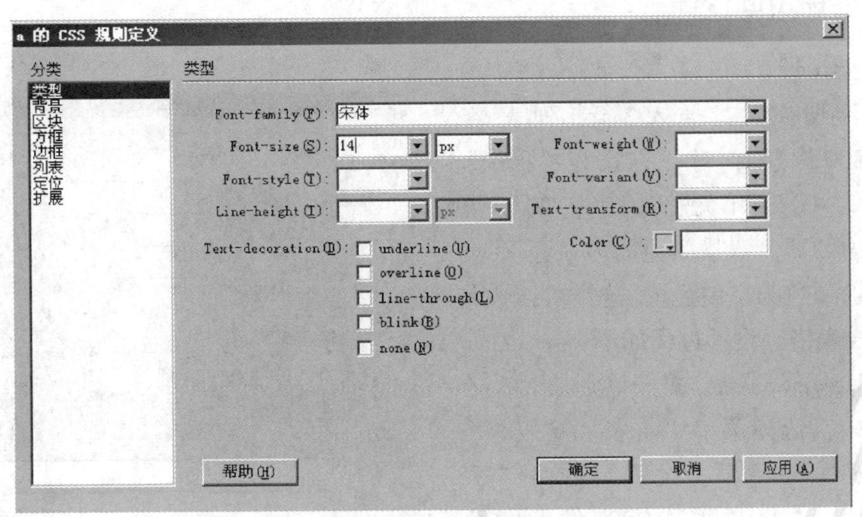

图 2–1–19　CSS 规则定义

再添加新规则，选择器类型选“复合内容”，选择器名称为“a:link”，规则定义选前面保存的文件，如 hg1.css。分类选“类型”，color 设置为“#69212C”，text–decoration 设置为“none”；再一次添加新规则，选择器类型选“复合内容”，选择器名称为“a:visited”，规则定义选“hg1.css”，分类选“类型”，color 设置为“#69212C”，text-decoration 设置为“none”。再一次添加新规则，选择器类型选“复合内容”，选择器名称为“a:hover”，规则定义选“bg1.css”，分类选“类型”，color 设置为“#990000”，text-decoration 设置为“underline”。最后添加新规则，选择器类型选“复合内容”，选择器名称为“a:active”，规则定义选“bg1.css”，分类选“类型”，color 设置为“#990000”，text-decoration 设置为“none”。最终效果如图 2-1-8 所示。

三、网页底部设计

网页底部设计很简单，一般放联系我们、我要投诉、版权所有及设计者的信息等，文件名取“foot.htm”，布局可以用表格，美化可以再在 hg1.css 中添加 CSS 规则，选择器类型选“类”，选择器名称“bg1”，规则定义选“hg1.css”，Font-family 设置为“宋体”，Font-size 设置为“12px”，color 设置为“#69212C”，background-color 设置为“49070a”，line-height 设置为“25px”。在表格标签中加属性：class= “bg1”，结果如图 2-1-20 所示。

我要投诉 | 联系我们 | 版权所有
制作者：***

图 2-1-20 校园跳蚤市场网页底部

四、注册页面设计

1. 框架设计

打开注册文件，插入 3 行 1 列表格，宽度为“800 像素”，对齐方式为“居中”，边框粗细为“0”，单元格边距为“0”，单元格间距为“1”，背景颜色为“灰色”，每一行的背景颜色为“白色”，这样可以设计成灰色细线表格。设计过程如下：

打开 Dreamweaver，打开注册文件，在 body 标签中，选择菜单“插入”/“表格”，打开“表格”对话框，设置行数为“3”，列数为“1”，表格宽度为“800 像素”，单元格间距为“1”，如图 2-1-21 所示。

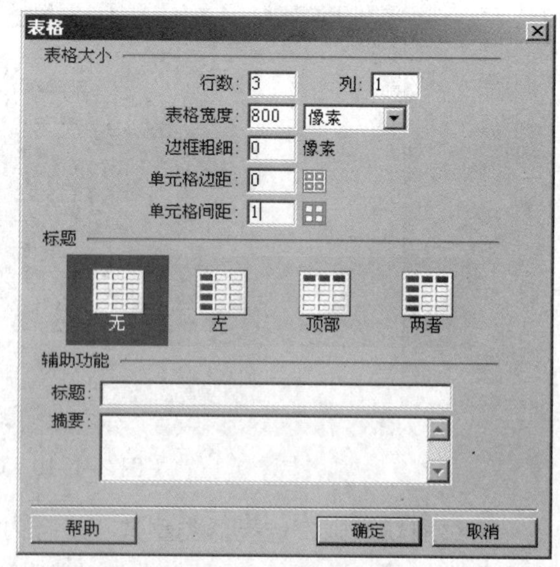

图 2-1-21 表格设置

单击“确定”，代码效果如图 2-1-22 所示。

设置表格的对齐方式和背景颜色：单击 table 标记符后，单击空格，选 align 属性，选 center 属性，如图 2-1-23 所示。

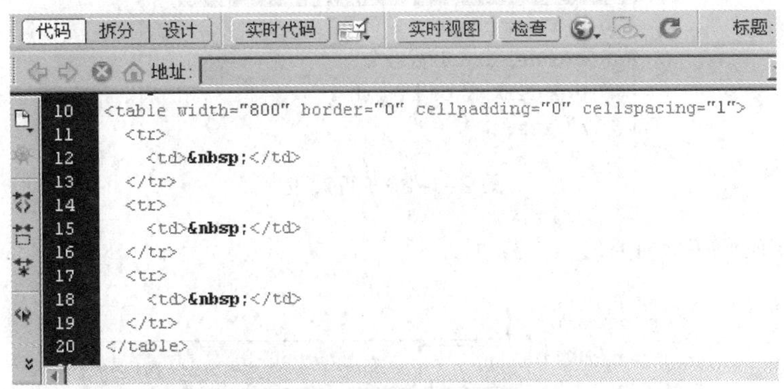

图 2-1-22　表格代码

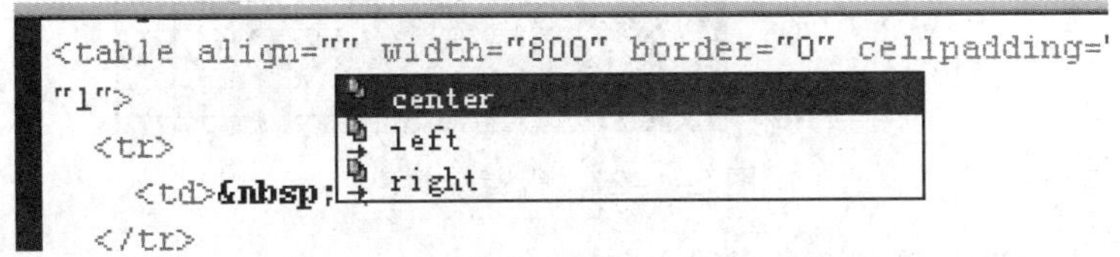

图 2-1-23　属性确定

单击空格，选 bgcolor 属性，如图 2-1-24 所示。

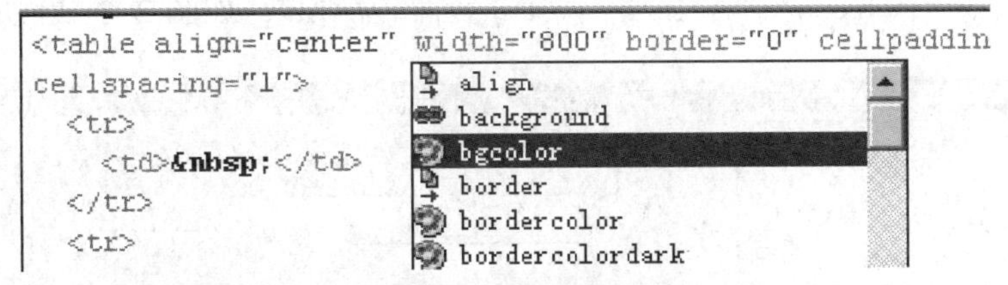

图 2-1-24　背景颜色

选灰色：#CCCCCC，如图 2-1-25 所示。

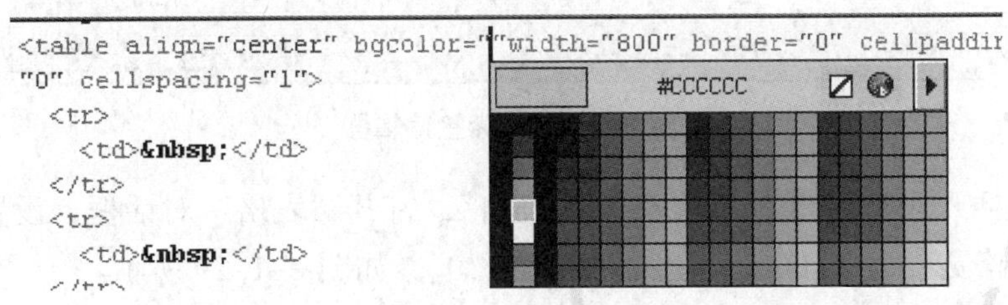

图 2-1-25　灰色背景

设置行背景颜色：单击 tr 标签，单击空格，选 bgcolor 属性，如图 2-1-26 所示。

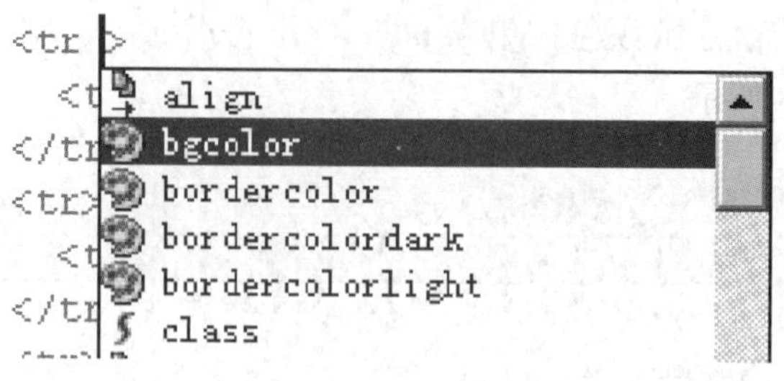

图 2–1–26　行属性

选白色：#FFFFFF，如图 2–1–27 所示。

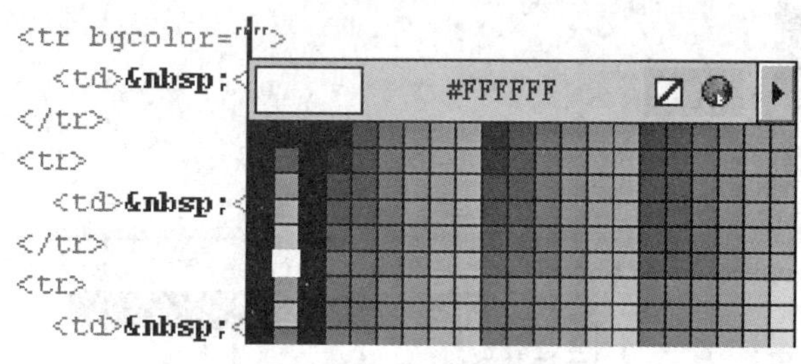

图 2–1–27　行背景颜色

用相同的方法，设置另外两行的背景颜色。

2. 注册表单设计

在第 2 行的单元格中插入表单，选择菜单“插入” / “表单”，弹出“标签编辑器”对话框，设置操作为“zctj.asp”，方法为“post”，名称为“ff”，如图 2–1–28 所示。

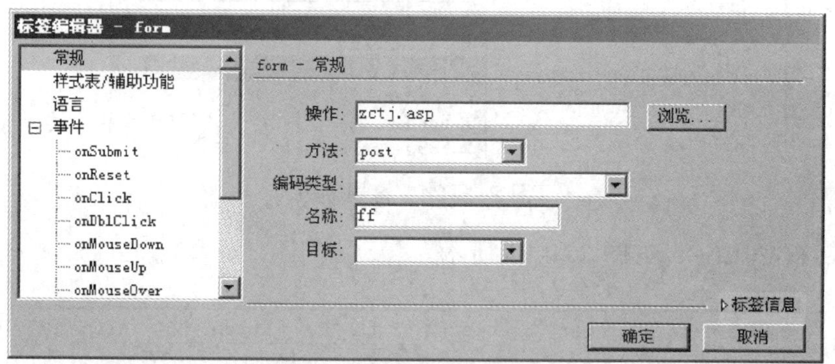

图 2–1–28　标签编辑器

在表单中插入表格，单击“插入” / “表格”，打开“表格”对话框，设置行为“11”，列为“2”，表格宽度为“100%”，边框粗细为“0”，如图 2–1–29 所示。

单击“确定”，单击“设计”，选择表格，对齐选“居中对齐”，如图 2–1–30 所示。

选择第 1 行的两个单元格，单击单元格跨行居中，背景颜色设置为“#CCCCCC”，如图 2–1–31 所示。

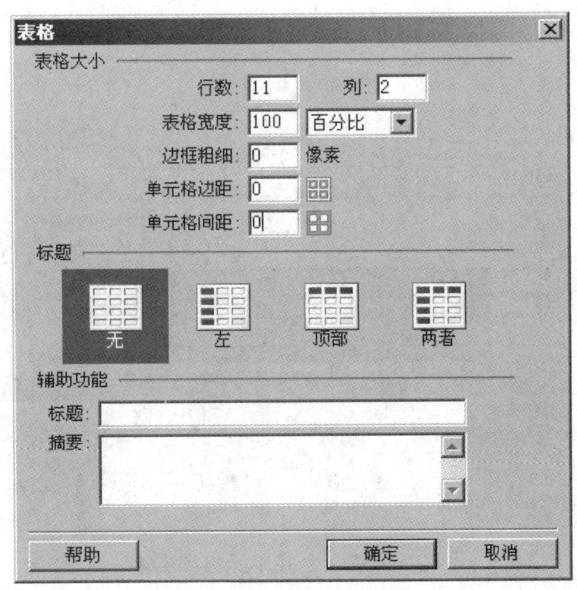

图 2-1-29　表格设置

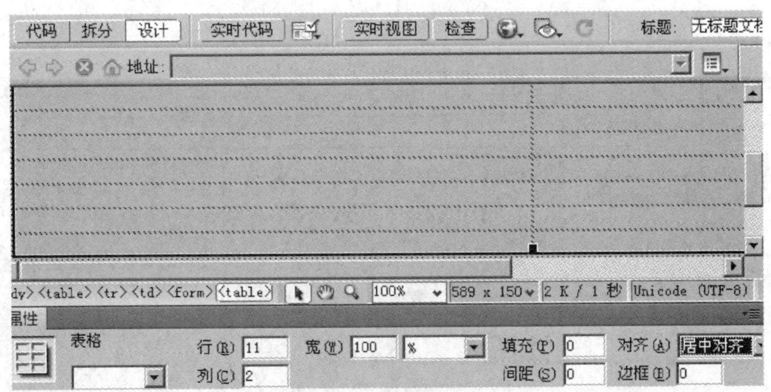

图 2-1-30　表格对齐方式

图 2-1-31　合并单元格与背景颜色

同样方法设置第 4 行。选中第 11 行两个单元格，合并单元格，水平选“居中对齐”，如图 2-1-32 所示。

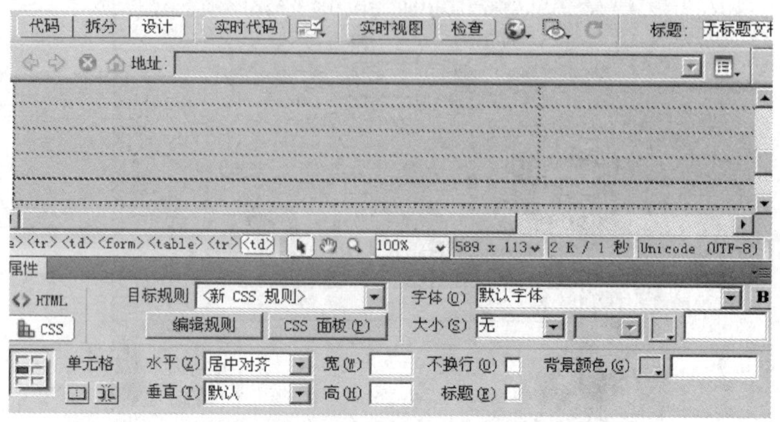

图 2-1-32 合并单元格和居中

选中第 2、第 3、第 5、第 6、第 7、第 8、第 9、第 10 行的第一列，水平选“右对齐”，如图 2-1-33 所示。

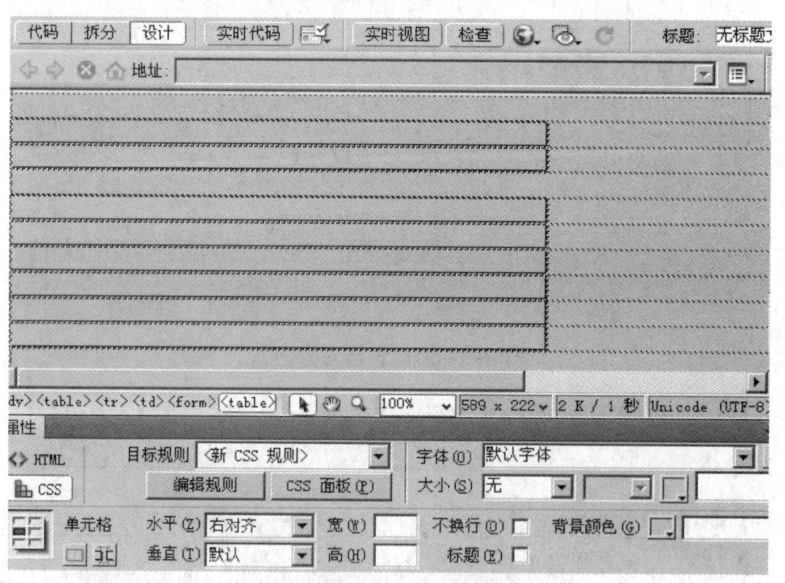

图 2-1-33 单元格右对齐

第 1 行输入“用户基本资料”，第 4 行输入“用户详细资料”，其他各单元格分别插入图示控件，并对必填项加“*”，其中昵称、密码、性别、邮编、提交信息的设置方法如下：

昵称，选择“插入”/“表单”/“文本框”，弹出“标签编辑器”对话框，设置名称为“t1”，大小为“20”，如图 2-1-34 所示，单击“确定”。

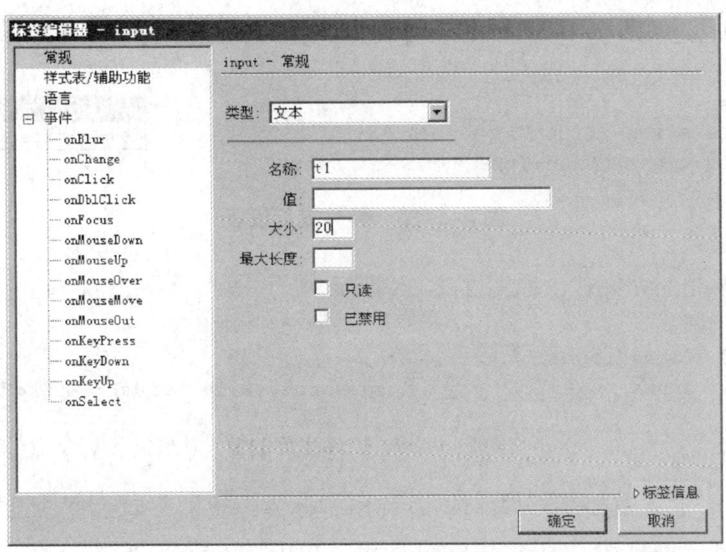

图 2-1-34　文本框设置

密码，选择“插入”/“表单”/“文本框”，弹出“标签编辑器”对话框，设置类型为“密码”，名称为“t2”，如图 2-1-35 所示，单击“确定”。

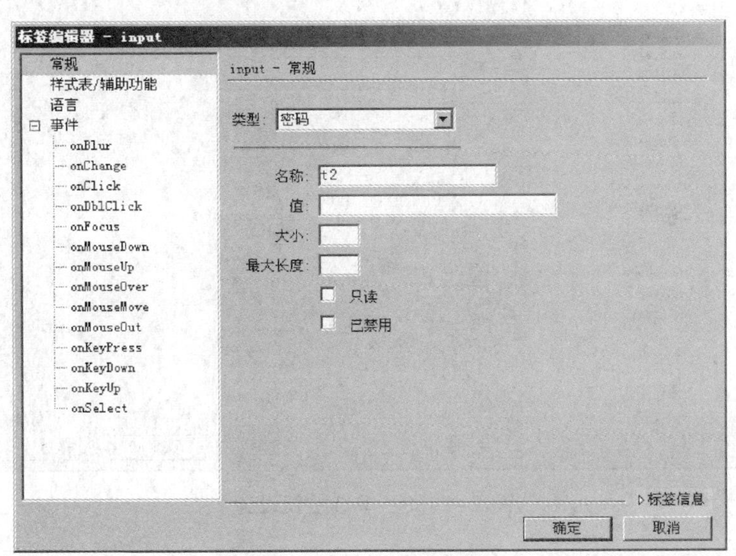

图 2-1-35　密码框设置

选中密码标签，单击空格，属性选“style”，如图 2-1-36 所示。

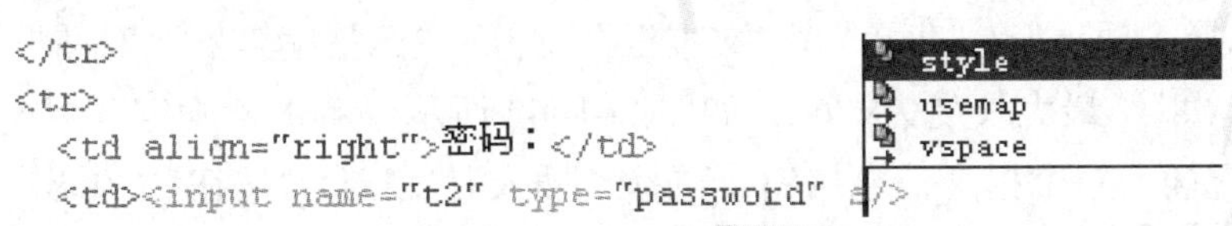

图 2-1-36　内嵌 CSS 设置

值选“width”，如图 2-1-37 所示。

```
<tr>
  <td align="right">密码：</td>
  <td><input name="t2" type="password" style="w"/>
```

width
word-spacing

图 2-1-37　控件宽度设置

宽度设为“width:149px”，如图 2-1-38 所示。

```
<td align="right">密码：</td>
<td><input name="t2" type="password" style="width:149px;"/>
```

图 2-1-38　控件宽度的值

性别，选择“插入”/“表单”/“单选”，弹出“标签编辑器”对话框，设置名称为“r1”，值为“先生”，已选中打钩，如图 2-1-39 所示，单击“确定”。

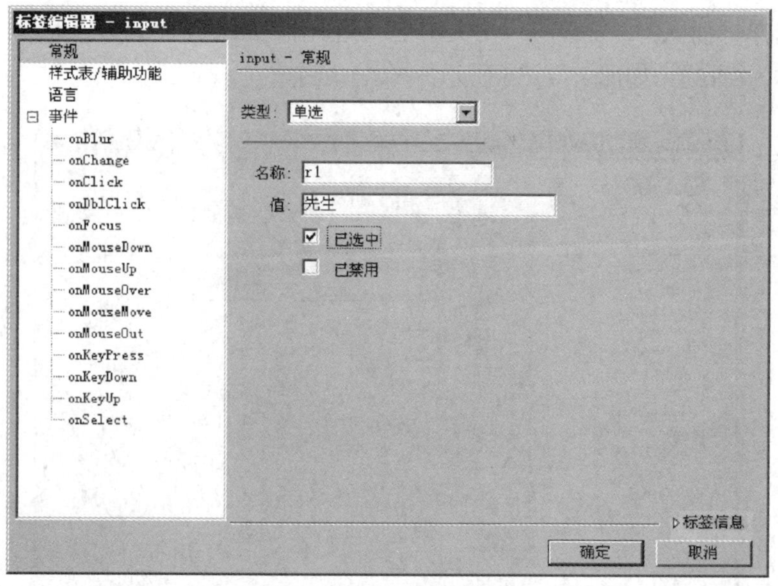

图 2-1-39　单选按钮设置

再选择“插入”/“表单”/“单选”，弹出“标签编辑器”对话框，设置名称为“r1”，值为“女士”，如图 2-1-40 所示，单击“确定”。

在单选标记符后输入标签“男”和“女”，如图 2-1-41 所示。

邮编，选择“插入”/“表单”/“文本框”，弹出“标签编辑器”对话框，设置名称为“t6”，大小为“8”，最大长度为“6”，如图 2-1-42 所示，单击“确定”。

在第 11 行插入一个提交信息按钮，选择“插入”/“表单”/“按钮”，弹出“标签编辑器”对话框，设置名称为“b1”，值为“提交信息”，如图 2-1-43 所示。

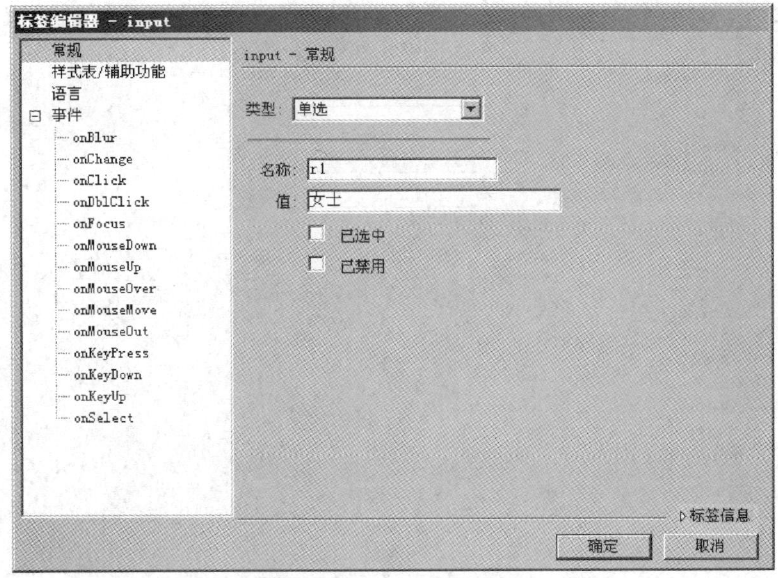

图 2-1-40　单选按钮设置

```
<td align="right">性别：</td>
<td class="bg2">
<input name="r1" type="radio" value="先生" checked />男
<input name="r1" type="radio" value="女士" />女
</td>
```

图 2-1-41　单选按钮的标签

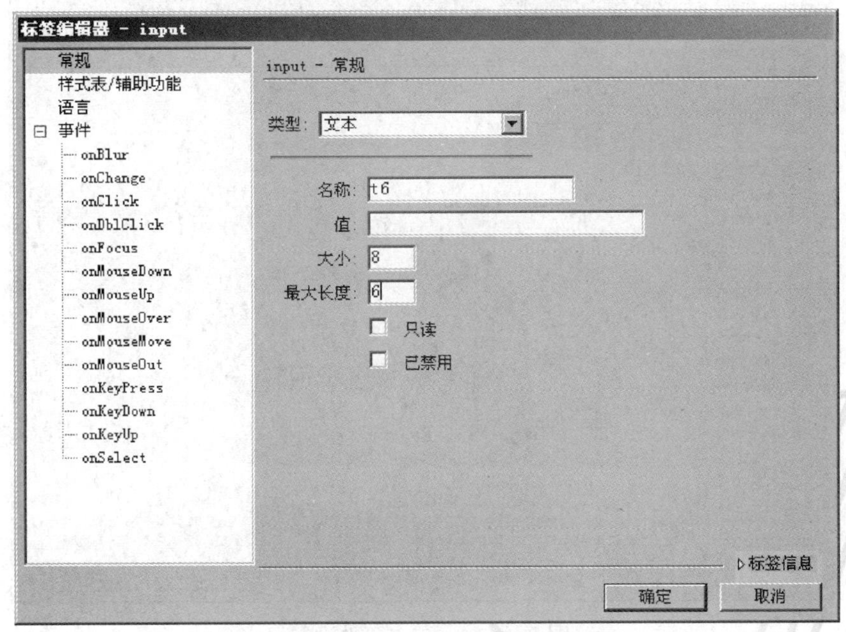

图 2-1-42　邮编文本框设置

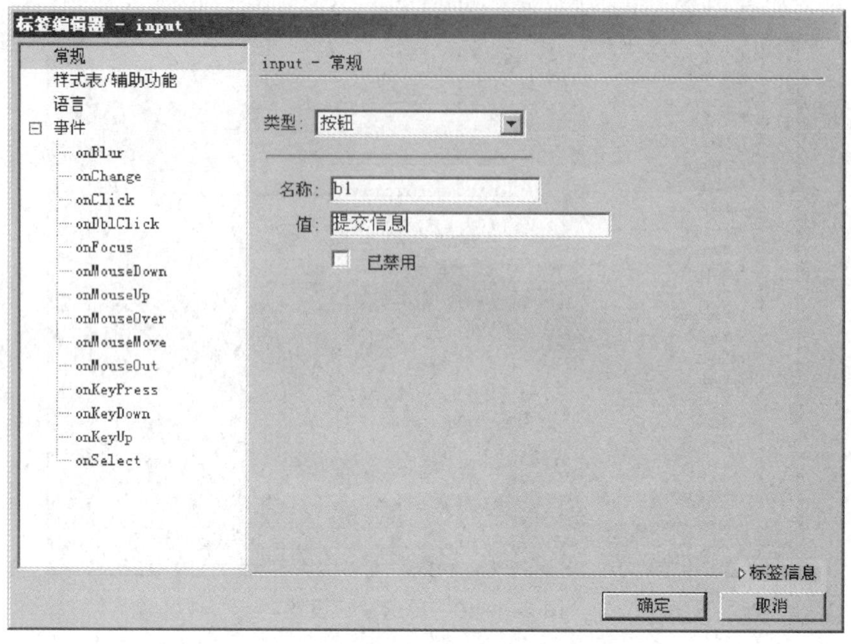

图 2-1-43　提交按钮设置

单击事件 onClick，在空白文本框中输入“yz（)”，如图 2-1-44 所示，单击“确定”。

其他控件参考类似的方法设置，注册的信息可以根据需求增减，注册部分页面效果如图 2-1-45 所示。

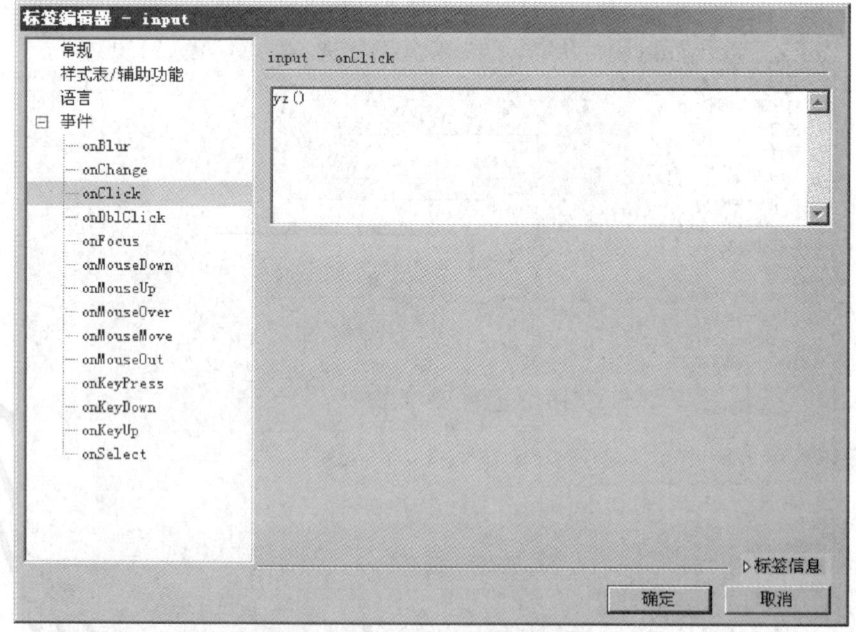

图 2-1-44　单击事件设置

用户基本资料

昵称：*

密码：*

用户详细资料

真实的姓：*

真实的名：*

性别：男 女

通讯地址：*

邮编：*

手机：*

提交信息　重新填写

图 2-1-45　注册部分页面

接下来对页面加以美化。例如，在第 1、第 4 行加背景颜色，bgcolor="#CCCCCC"；字体可以这样来设计，打开“hg1.css”文件，新建 CSS 规则，选择器类型选“类”，选择器名称“bg2”，规则定义选“仅限本文档”，分类选“类型”，Font-family 选“宋体”；Font-size 选“14”“px”，Line-height 选“14”“px”。在注册输入区的表格标签中加属性：class="bg2"。再新建 CSS 规则，选择器规则为“类”，规则名称“xx”，规则定义选“仅限本文档”，分类选“类型”，Font-size 设置为“14”“px”，color 设置为“#CC0000”，Font-weight 设置为“normal”，选中“*”号，单击菜单“插入”/“标签”，打开标签选择器对话框，选 HTML 标签中的“span”，如图 2-1-46 所示。

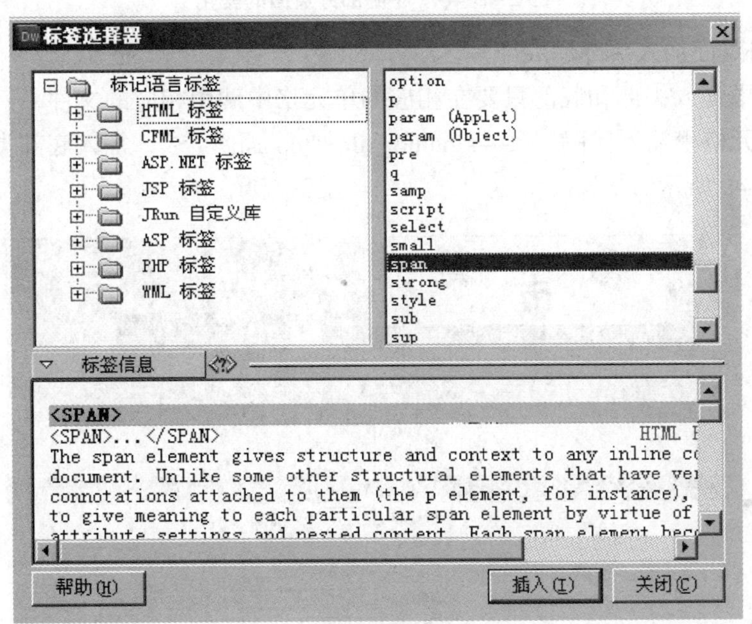

图 2-1-46　标签选择器

单击插入按钮，打开图 2-1-47 所示对话框，在类里输入“xx”，单击“确定”，关闭对话框。

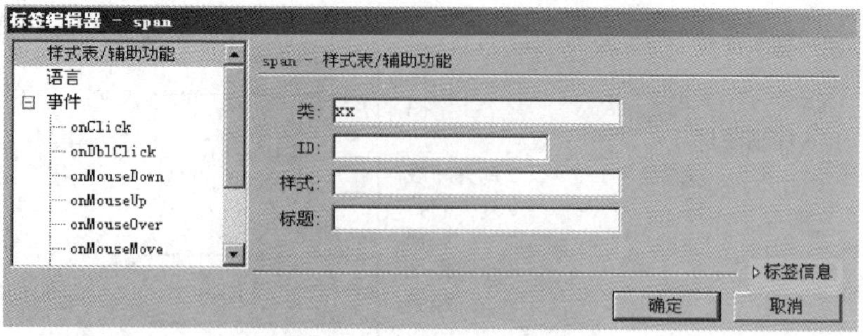

图 2–1–47　标签选择器 -span

最终显示效果如图 2–1–48 所示。

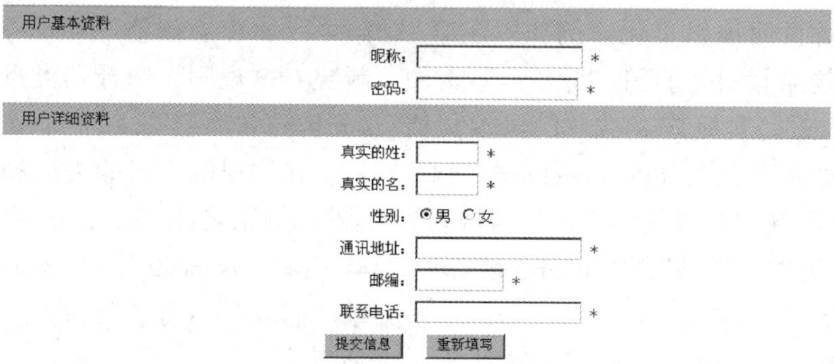

图 2–1–48　注册部分页面的美化

3. 在注册页面加入头部和底部

注册页面中加入头部和底部只要在相应的单元格中调用相应的文件，例如，在注册页面第一行的单元格里输入代码“<!--#include file="top.asp"-->”，加入底部类似，注册页面效果如图 2–1–49 所示。

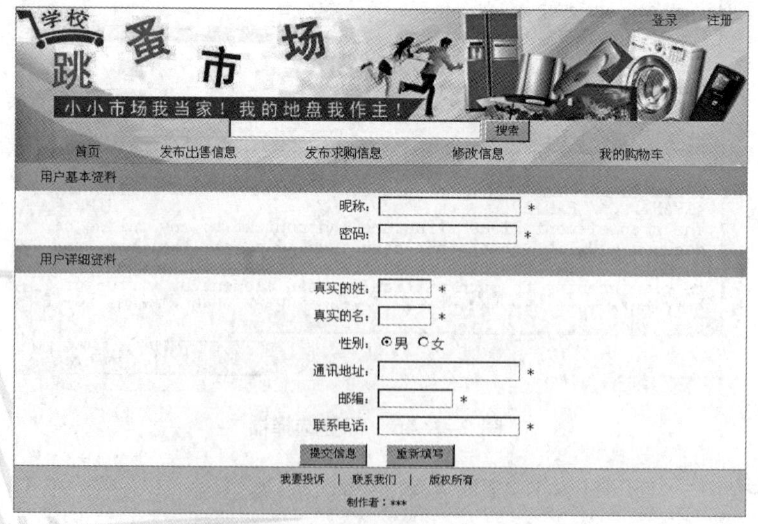

图 2–1–49　注册页面

思考与练习

1. HTML 标记符有哪些？
2. CSS 样式的作用有哪些？
3. 页面布局的要求是什么？

第 2 节　注册信息合理性验证

客户在注册页面输入信息，单击提交按钮后，通过调用过程对每条信息的合理性进行判定，如果不符合规范，则要求重新输入直到合理再提交，通常合理性的要求有必填项目不能为空，长度要求如邮编只能 6 位、手机只能 11 位等，价格、数量只能是数字等。本节用 Vbscript 的变量、条件语句、内置函数等来判定，它也是以后动态网页设计技术 ASP 的默认语言。

一、VBScript 的基础知识

VBScript 是一种面向对象的编程语言，直接嵌入到 HTML 中用于对网页程序的控制、选择做出相应的反应，它扩展了 HTML 的功能，还可以插入到 ASP 中，制作成完美的动态网页。

VBScript 语句可以放入“<Script>…</Script>”HTML 的标记中，该标记主要有两个属性：language 用于指明脚本语言的种类；runat 用于确定脚本语言运行于服务器端还是客户端，一般默认运行在客户端。

加入 VBScript 的网页文件，可以保存为“.htm”或“.html”，也可以保存为“.asp”。VBScript 的每一个语句结束以回车键确定，即一行一句，在 VBScript 中大小写字母通用。

二、VBScript 的数据类型和运算符

1. 数据类型

VBScript 的数据类型只有一种变体型（variant），当赋予不同的数据，系统会自动选定最合适的子类型来存储数据。常见的子类型有 boolean 逻辑型、byte 字节型、integer 整型、single 单精度浮点型、double 双精度浮点型、date 时间日期型、string 字符串型。

2. VBScript 的运算符

（1）算术运算符。“+”加、“-”减、“*”乘、“/”除、“mod”整除取余、“^”求幂、“\”整除。

（2）逻辑运算符。“and”与、“or”或、“not”非，它们的返回值是逻辑型。

（3）比较运算符。“=”等于、“<>”不等于、“<”小于、“<=”小于或等于、“>”大于、“>=”大于或等于，它们的返回值也是逻辑型。

（4）连接运算符。“+”或“&”，用于连接字符串。

（5）赋值运算符。“=”，为变量、常量等赋值。

3. VBScript 常量和变量

常量中的数值型直接书写，如 3.14。字符型用 "" 框起来，如 " 欢迎你，老朋友！"。时间日期型用 ## 框起来，如 #2010-10-26#。常量定义的一般格式：

const 常量名 = 值

例如：const a=" 欢迎 "

const b=3.1416

const c=#2010-10-10#

变量定义的一般格式：

dim 变量名 1，变量名 2，…

例如：dim a，b，c

VBScript 还允许隐式声明，即可以直接使用。VBScript 的变量类型由赋值的数据类型决定。

三、VBScript 的常用内置函数

1. 函数使用方法

VBScript 提供了许多函数，要一一记住是不现实的，但可以通过资料查找到，然后按方法使用即可。使用函数要关注四方面内容：一是函数的功能；二是返回值；三是函数名；四是参数的个数和类型。

首先按照需要完成的操作看函数的功能，确定其返回值是否符合要求，然后再看它的函数名和参数，接下来按其格式编写即可。

例如，要知道字符串的长度就找到相关功能的函数，它的格式为 len（string），返回 string 的长度，函数名叫 len（），参数一个，字符串型。

s=" 欢迎你，老朋友！"

d=len（s）　'd 的值为 8

2. 常用的函数（见表 2-2-1）

表 2-2-1　常用的函数

格式	功能	参数	返回值
chr（k）	执行 ASCII 码	数字	10 执行换行，13 执行回车
cint（s）	将 s 字符转换为整数	文本型数字	s 的整数

续表

格式	功能	参数	返回值
clng（s）	将 s 字符转换为长整数	文本型数字	s 的长整数
csng（s）	将 s 字符转换为单精度浮点型	文本型数字	s 的单精度小数
date（）	获取计算机的当前日期	无	当前的年月日
year（d）	获取 d 的年份	日期型	年份
month（d）	获取 d 的月份	日期型	月份
day（d）	获取 d 的几号	日期型	几号
len（s）	获取 s 的长度	字符串型	字符个数
trim（s）	去除 s 的前后空格	字符串型	字符串
mid（s，x，y）	获取 s 字符串中第 x 个后的 y 个字符串，y 缺省为第 x 个后的全部	s 字符串型，x、y 数字	字符串
right（s，x）	获取 s 字符串中后 x 个的字符串	s 字符串 x 数字	字符串
left（s，x）	获取 s 字符串中前 x 个的字符串	s 字符串，x 数字	字符串
instrRev（s，m）	获取 s 字符串中 m 字符在第几个	s、m 均为字符串	数字
isnumeric（s）	判定 s 是否是数字	字符串	是数字返回真，否则返回假
formatnumber（d1，d2，d3，d4，d5）	按设定格式输出，不足补加 0	d1 原数字；d2 输出的小数位数；d3 为 -1 小数前加 0，0 则不加；d4 为负数表示方式，-1 为 -，0 为（）；d5 是否千位加撇，0 加，-1 不加。	返回格式化数字形式
instr（s1，s2）	确定 s1 中是否包含 s2	s2 字符串型	s1 中包含 s2 返回真，否则返回假
alert（s）	弹出警告框，提示语为 s	字符串型	
msgbox（s，d1+d2）	弹出对话框，提示语为 s	s 字符串，d1、d2 整数，注 1	注 2

注 1：d1 取 0 显示一个“确定”按钮，也是默认值；取 1 显示“确定”和“取消”两个按钮；取 2 显示“终止”“重试”和“忽略”三个按钮；取 3 显示如图 2-2-1 所示；取 4 显示“是”和“否”两个按钮；取 5 显示“重试”和“取消”两个按钮。d2 取 0 为无图标；取 16 显示临界图标；取 32 显示询问图标；取 48 显示警告图标；取 64 显示提示图标。

注 2：Msgbox 的返回值分别是：“确定”，1；“取消”，2；“终止”，3；“重试”，4；“忽略”，5；“是”，6；“否”，7。如：msgbox“你真的要退出吗？”，3

图 2-2-1 选择框

四、VBScript 的选择、循环语句

1. 选择语句

（1）格式 1

```
if 条件 then
  '执行体 1
else
  '执行体 2
end if
```

条件可以用结果是逻辑值的表达式，如逻辑表达式、比较表达式、返回值是逻辑值的函数、逻辑常量、逻辑变量等；如果执行体 2 为空，else 可省略；两个执行体总是执行其一，所以 if 语句是二选一。

（2）格式 2

```
if 条件 1 then
  '执行体 1
elseif 条件 2 then
  '执行体 2
elseif 条件 3 then
  '执行体 3
…
else
  '执行体 n+1
end if
```

条件的设计要求与 if 语句相同；elseif 中间不能加空格；n+1 个执行体只执行一个，所以是多选一。

（3）格式 3

```
select case 表达式
 case 值 1
```

```
        '执行体 1
        case 值 2
        '执行体 2
          …
        case else
        '执行体 n+1
    end select
```

表达式可以是整型或字符型；表达式的值与 case 值比较相同时，即执行它的执行体，比较的值有多个可用逗号分隔；n+1 个执行体只执行一个，所以是多选一。

2. 循环语句

循环语句通常有四部分组成：一循环的起点，循环从哪开始；二循环的终点，循环到哪结束；三循环执行体，重复要做的操作；四递进，从开始走到结束。当然不一定所有的循环设计都有四部分，但可以从四方面来考虑。常用的几种循环格式如下：

（1）格式 1

```
while 条件
'循环执行体
wend
```

条件应是逻辑值结果表达式，循环设计特别要当心死循环。

（2）格式 2

```
 for 循环变量 = 初值 to 终止表达式 step 步长
   '循环执行体
next
```

循环将从初值到终值，每次递进步长，步长为 1，是默认值，可省略；若需要提前退出可使用 exit for 语句。

（3）格式 3

```
do while 条件
   '循环执行体
 loop
```

条件应是逻辑值结果表达式，若需要提前退出可使用 exit do 语句。

五、VBScript 的自定义函数和过程

1. 函数定义

```
function 函数名（参数）
   '执行体
 end function
```

函数调用：函数名（参数）。

函数具有返回值，它的返回值就是与函数名相同的变量。

2. 过程定义

```
sub 过程名（参数）
  '执行体
end sub
```

过程调用：call 过程名参数。

如果中途要结束过程，可用命令 exit sub。过程是没有返回值的，这是函数与过程的根本区别。

3. 事件过程

```
sub 控件名 _ 事件名（）
  '执行体
end sub
```

当该控件发生该事件时就调用该过程。当然用控件的事件属性调用过程也能达到异曲同工的效果。

例如，按钮的点击事件过程：

```
<input type=button name=b value= 提交 >
…
  sub b_onclick（）
    '执行体
  end sub
```

如写成按钮的事件属性，部分代码是：

```
<input type=button name=b onclick=area（）value= 提交 >
…
  sub area（）
    '执行体
  end sub
```

技能训练

一、事件过程设计

在提交按钮中，加入点击过程：onclick="yz（）"。在代码中加入脚本过程：

```
<script language="vbscript">
sub yz（） '定义过程
```

```
……
end sub
</script>
```

也可以用事件过程：

```
<script language="vbscript">
sub bt_onclick（ ）  '事件过程
……
end sub
</script>
```

二、获取控件输入的数据

```
dim a '声明变量
 a=ff.t1.value '获取表单 ff 的文本框 t1 的值
```

三、常用的合理性要求的验证

1. 必填项目

```
if a=""then
  msgbox"昵称不能空！"，48   '弹出对话框
  ff.t1.focus   '选中文本框 t1
  exit sub   '结束过程
end if
```

运行效果如图 2-2-2 所示。

图 2-2-2　信息提示对话框

2. 长度限定

```
if len（a）>2 then
  msgbox "真实的姓最多 2 个字符！"
  ff.t3.value="" '清空文本框 t3
  ff.t3.focus
  exit sub
end if
if len（a）<>6 then
  msgbox "邮编长度只能 6 位！"
  ff.t6.value=""
  ff.t6.focus
  exit sub
end if
```

3. 数字类型

```
if not isnumeric（a）then
  msgbox "单价必须数字！"
  ff.t6.value=""
  ff.t6.focus
  exit sub
end if
```

4. 不能负数

```
if csng（a）<0 then
  msgbox" 单价不能负数！"
 ff.t6.value=""
  ff.t6.focus
  exit sub
end if
```

5. 整数

```
if instr（a, "."）then
  msgbox" 邮编不能用小数！"
 ff.t6.value=""
  ff.t6.focus
  exit sub
end if
```

6. 判定文件的格式

```
a=mid（a,InStrRev（a,"."））
if not（a=".gif" or a=".jpg" or a=".bmp" or a=".png"）then
 msgbox " 你选的照片格式不合要求！"
 f.t12.value=""
 f.t12.focus
  exit sub
end if
```

7. 邮箱地址的合理性

```
if（not right（s,4）<>".com" or not right（s,4）<>".net" or not right（s,3）<>".cn"）and
（instr（s,"@"）<=1 or instr（s,"@."））then
    msgbox " 请正确输入邮箱地址！"
    ff.email.value=""
    ff.email.select
    exit sub
end if
```

8. 去除字符串中间的空格

```
for i=1 to len（x）
    if mid（x,i,1）<>" " then
      s=s+mid（x,i,1）
    end if
  next
```

9. 判定字符串为汉字或其他字符

```
for i=1 to len（s）
   if asc（mid（s,i,1））>=0 and asc（mid（s,i,1））<=255 then
      msgbox " 真实姓名请用汉字！ "
      ff.username.value=""
      ff.username.select
      exit sub
   end if
next
```

10. 提交

```
ff.submit
```

表单提交的方式 method：post，操作 action：接收信息的文件名。

四、主要参考代码

```
<form action="zctj.asp" method="post" name="ff">
   <tr>
      <td width="50%" align="right"> 昵称：</td>
      <td><input type="text" name="t1" id="t1"/>
      <span class="xx">*</span></td>
   </tr>
……
   <tr>
      <td colspan="2" align="center">
         <input name="b1" type="button" value=" 提交信息 "/>  
         <input name="b2" type="reset" value=" 重新填写 " /></td>
   </tr>
</form>
……
<script language="vbscript">
sub b1_onclick（）
   dim a
```

```
   a=ff.t1.value
if a="" then
      alert" 昵称不能空！ ",48
      ff.t1.focus
   exit sub
 end if
……
ff.submit
end sub
</script>
```

五、用 Javascript 来验证合理性

```
<script language="JavaScript">
function login（ ）
{   if（document.myform.t1.value==""）
   {   document.myform.t1.focus（ ）;
       alert（" 请输入用户名！ "）;
       return false; }
}
</script>
……
<form name="myform" method="post" action="logen.asp" onSubmit="return login（ ）; ">
……
<input name="b1" type="submit"value=" 提交信息 " />
```

六、利用正则表达式验证合理性

对于较复杂的合理性验证，如邮箱地址，其中要有 @ 字母，最后必须是“.com”“.net”“.cn”等。直接用判定语句较为困难，可以用正则表达式来设计，既方便又准确。正则表达式实际是一种模板，拿需要判断的字符串与之比较，符合则合理，否则不合理。而模板则有由普通字符（例如字符 a 到 z）以及特殊字符（例如转义字符）组成的文字模式。

常用的字符模式：^ 匹配输入字符串的开始位置；$ 匹配输入字符串的结束位置；* 匹配前面的子表达式零次或多次；+ 匹配前面的子表达式一次或多次；? 匹配前面的子表达

式零次或一次；{n} 匹配确定的 n 次；{n，m} 最少匹配 n 次且最多匹配 m 次；. 匹配除 "\n" 之外的任何单个字符；(pattern) 匹配 pattern 并获取这一匹配；x|y 匹配 x 或 y；[xyz] 字符集合；[^xyz] 负值字符集合；[a–z] 字符范围；[^a–z] 负值字符范围；\d 匹配一个数字字符；\D 匹配一个非数字字符；\s 匹配任何空白字符；\S 匹配任何非空白字符；\w 匹配包括下划线的任何单词字符；\W 匹配任何非单词字符；( ) 标记一个子表达式的开始和结束位置。如邮箱地址的正则表达式：

"^\w+ ([–+.] \w+) *@\w+ ([–.] \w+) *\.\w+ ([–.] \w+) * $ "

VBScript 主要是通过 regexp 对象来实现正则表达式的功能。它常用的属性有 :ignorecase 指明模式搜索是否区分大小写；global 指明在整个搜索字符串时模式是全部匹配还是只匹配第一个；pattern 设置被搜索的正则表达式模式；test (str) 方法，返回是否搜索到正则表达式模式。判断邮箱地址合理性的代码如下：

```
<html>
<body>
<form name=f action=aaa.asp method=post>
<p> 请输入邮箱地址：<input type=text name=yx size=20>
<p><input type=button name=bu1    value= 确定 >
</form>
<script language=vbscript>
sub bu1_onclick ( )
Dim n,reg
n=f.yx.value
reg="^\w+ ([ –+. ] \w+ ) *@\w+ ([ –. ] \w+ ) *\.\w+ ([ –. ] \w+ ) *$"
if not RegExpTest ( reg， n ) then
  alert ( " 请正确书写邮箱地址！ " )
  f.yx. focus
  exit sub
end if
f.submit
end sub
function RegExpTest ( patrn, strng )
dim regEx                                    ' 建立变量
Set regEx=New RegExp                         ' 创建对象
regEx.Pattern=patrn                          ' 设置模式
regEx.IgnoreCase=False                       ' 设置是否区分大小写
```

```
RegExpTest=regEx.Test（strng）          ' 执行搜索测试
end function
</script>
</body>
</html>
```

思考与练习

1. VBScript 的数据类型有哪些？
2. VBScript 的常用内置函数有哪些？
3. 在 VBScript 中如何自定义函数和过程？

第 3 节　注册信息提交

当注册信息通过合理性验证后，就可以将信息提交给网站服务器，服务器接收到信息以便保存起来。如何接收客户的信息？如何返回相关信息告知客户？如何完成网页跳转？这就必须进入动态网页的设计，可以采用 HTML+Vbscript+ASP 技术方案来实现。

一、动态网页的概念

在网络刚出现的时候，微软公司便推出一种标记符语言 HTML 用于制作网页，它对网络的发展做出了贡献，直到现在还是网页设计的主力军。它所设计的叫“静态网页”，其工作原理如图 2-3-1 所示。

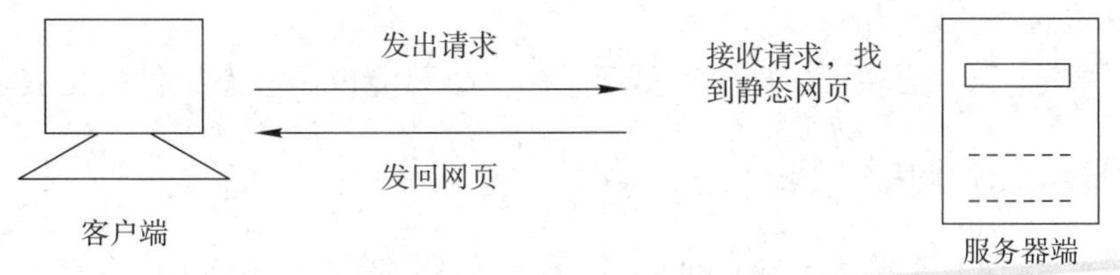

图 2-3-1　静态网页工作原理

随着网络技术的发展和人们需求的提高，动态网页应运而生，ASP 便是其中优秀的一员。所谓“动态网页”，简单地说就是它能根据不同用户的不同请求做出交互性的不同反应同时具有了数据库技术，其工作原理如图 2-3-2 所示。

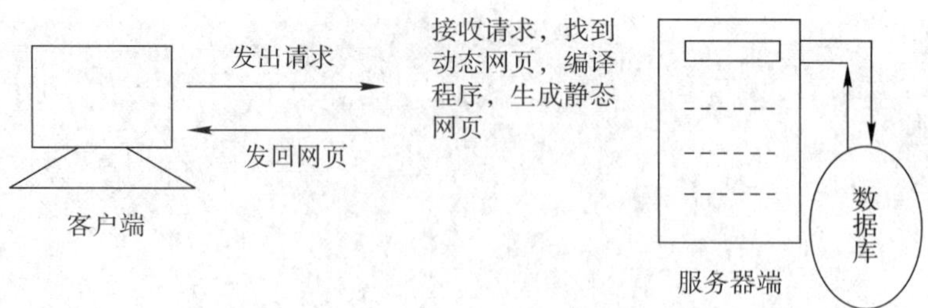

图 2-3-2 动态网页工作原理

二、ASP 基本知识

ASP 即 Active Server Pages 的缩写，用来创建动态交互式网页，并建立强大的 Web 应用程序。

1. ASP 的开始和结束

<%……%>

2. ASP 的变量、控制语句

Vbscript 是 ASP 的默认语言，ASP 可以直接使用 Vbscript 的变量、条件语句、循环语句等。

3. ASP 的注释语句

以单引号开头的为单行注释语句，它为大家阅读代码提供方便，但它不会被编译、执行。客户端注释语句，是在服务器端编译，但不在客户端编译、运行的语句。它以 <!-- 开头，以 --> 结束。

4. HTML 和 ASP 的套用

在 HTML 的任何地方需要插入 ASP 命令都是可以的，只要把 ASP 命令用“<%…%>”括起来就可以实现。如果在 ASP 中要插入 HTML，则把 HTML 标记符写入 response.write（“HTML 标记符”）。

5. ASP 文件

ASP 文件一定以“.asp”为扩展名进行保存，而不能再用静态文件的扩展名。

三、VBScript 对象

常用的 VBScript 对象有：document 对象（文档对象）、window 对象（窗口对象）、history 对象（历史记录对象）和 location 对象（网页对象）。每个对象都有自己的属性、方法和事件。使用对象的格式：

对象名 . 属性 | 方法 | 事件。

1. document 对象的主要属性和方法（见表 2–3–1）

表 2–3–1　　document 对象的主要属性和方法

属性	意义	方法	功能
bgcolor	设置背景色	write	执行 HTML 的代码
fgcolor	设置前景色	close	关闭
cookie	在客户机存放客户信息	clear	清除
lastmodified	文档的最后修改日期时间	open	打开

2. windows 对象的主要属性、方法和事件（见表 2–3–2）

表 2–3–2　　window 对象的主要属性、方法和事件

属性	意义	方法	功能	事件	结果
status	更改状态栏的内容	alert	提示框	onload	加载窗口事件
document	浏览器窗口显示的 HTML 文件	confirm	选择框	onunload	离开、切换页面事件
location	网页的 URL	prompt	输入框	—	—
history	已浏览过的 URL 的历史记录	open	打开网页	—	—
		close	关闭网页	—	—

3. 其他对象的常用方法

History 对象的常用方法：back 返回前面打开的网页，Go（k）跳转到历史记录中指定项，k 为“0”，跳转到前一页。location 对象的常用属性：Href 返回 URL 指定的网页。

四、ASP 的对象

ASP 提供许多内置对象，每个对象负责一方面的功能，通过对象的属性、集合、方法的使用完成各种操作，实现网页编程。对象的语法结构：

对象名［.集合（变量）| 属性 | 方法（参数）］

“.”为分量符，表示某对象中的；“[ ]”中的为可选部分；“|”号分开的为任选一个；集合是多个变量组成的整体。

1. request 对象

request 对象负责把客户端提交给服务器的信息接收下来。

（1）form 集合

form 集合用于获取客户端表单以 post 方式提交的数据。post 方式能把表单中的数据打包成文件形式提交给服务器，其优点是数据的种类、长度、个数受限制少，一般格式：

request.form（"控件的名称"）

如表单为：

```
<form name=f method=post action=custadd.asp>
<input type=text name=user>
</form>
```

接收语句为：

```
Username=request.form（"user"）
```

（2）querystring 集合

querystring 集合用于获取客户端表单以 get 方式提交的数据和打开、转向新网页时在地址后传递的参数，其优点是数据的传送速度快，一般格式：

request.querystring（" 控件的名称 "）

如表单为：

```
<form name=f method=get action=custadd.asp>
<input type=text name=user>
</form>
```

接收语句为：

```
Username=request.querystring（"user"）
```

如超链接为：

```
<a href=custadd.asp?p=3> 返回 </a>
```

接收语句为：

```
page=request.querystring（"p"）
```

有时集合名可以省略，写成 page=request（"p"）

（3）cookies 集合

cookies 集合是一组“记忆”在客户机里的变量。访问它的格式：

request.cookies（" 变量名 "）

2. response 对象

response 对象是由服务器向客户端浏览器发送超文本格式的数据，它和 request 对象是一对亲兄弟，一个发一个收。

（1）write 方法

write 方法用于向客户输出信息和执行 HTML 语句及 VBScript 语句，输出的内容有常量、变量、函数和 HTML 语句。

如：name=" 张三 "

response.write（name&" 先生：
 现在的北京时间为："&now（））

“&”是链接符，它把变量、常量字符串、函数等链接成一个输出体。

（2）redirect 方法

redirect 方法用于转向一个 URL 网页。

如：response.redirct（"userup.asp"）

（3）cookies 集合

用于服务器对客户机的 cookies 集合设置数值，如客户机的 cookies 变量不存在，则在客户机上创建，其一般格式：

response.cookies（" 变量名 "）

request 对象的 cookies 集合和 response 对象的 cookies 集合都是对客户机的一组变量操作，前者用于提取存储，后者用于设置，它们的配合使用可以把客户的信息暂时保存起来。

技能训练

一、创建保存注册信息的 ASP 文件

打开 Dreamweaver，新建 ASP+Vbscript，保存动态网页（注意扩展名），文件名自定义，如“zctj.asp”。在注册文件的表单中加 action 属性，action="zctj.asp"。

二、获取表单的数据

```
<%
    dim a ' 声明变量
    a=request.form（"t1"）' 获取表单中的文本域 t1 的值
    ……
%>
```

三、确认和跳转

通过以下语句来完成确认和跳转，执行效果如图 2-3-3 所示。

```
Response.Write（"<script>alert（' 恭喜你，你已成为我们的会员 !'）; </script>"）
Response.Write（"<script>location.href='dl.asp'; </script>"）
```

图 2-3-3　信息提示对话框

思考与练习

1. 简述动态网页的概念。

2. 动态网页的运行机制是什么？

3. 在提交注册信息前提示客户二次确认：否，重新填写；是，提交。结果如图 2-3-4 所示，请完成此项功能的设计。

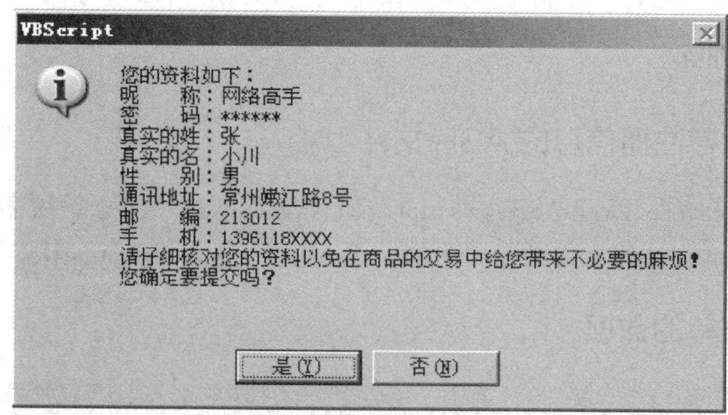

图 2-3-4　二次提示确认框

第3章　电子商务网站数据库功能的实现

第1节　数据库设计

现在数据库产品很多但基本功能是相近的，可以按照网站的需求选取，本教材选用 Access 2010，它结构简单、设计方便、功能齐全、占用空间小，适用于小型电商网站的建设。

一、关系数据库的基本概念

计算机通常是通过对客观实体的数据来认识事物、反映事物、解决问题的。如到网店来购物的实体称为客户，它具有姓名、性别、住址、手机号等属性，通过每个客户提供的上述数据来认识他们。网店出售的商品也是一类实体，它具有名称、单价、面料等属性，T 恤衫、80 元、纯棉这些数据就反映了一个商品实体的数据集，反映某个实体的数据集称为记录。

在属性中能唯一反映一个实体的属性叫作关键字，也叫主键，如身份证号就唯一反映了每位公民，一个身份证号对应一位公民。客户可以用客户编号来唯一确定，商品可以用商品编号来唯一确定，客户编号、商品编号就是主键。

每个属性还有它的取值范围称为值域，如性别只有男和女，商品的单价总大于零。每个属性还有它的数据类型，如姓名是字符型，单价是数值型。每个实体间还有联系，客户通过购买与商品发生联系。

简单地说关系数据库就是由数张二维表组成，一张表反映一类实体，每一列叫作字段也就是一个属性，存放一类数据。每一行就是一条记录，对应某一个实体。客户这个实体可以建立一张客户信息表，见表 3–1–1。商品可以建立一张商品信息表，见表 3–1–2。

表 3–1–1　　客户信息表

客户编号	姓名	性别	地址	手机号
0001	张三	男	江苏常州嫩江路 × 号	123611 × × × × ×
0002	李四	女	浙江宁波解放路 20 × 号	159666 × × × × ×
0003	王五	男	江西南昌安宁新村 18 栋乙单元 16 × × 室	163865 × × × × ×

表 3–1–2　　商品信息表

商品编号	名称	单价（元）	面料	规格
A0001	体恤衫	80	20% 晴 80% 棉	大号
B0001	牛仔裤	160	纯棉	170/65

二、Access 2010 的使用

启动 Access 2010，文件选项卡用于新建、打开、保存数据库文件，开始选项卡用于对记录进行排序、筛选和查找，对显示进行设置等，创建选项卡用于创建表、查询、窗体等。

技能训练

一、创建跳蚤市场网站数据库

启动 Access 2010，如图 3–1–1 所示。

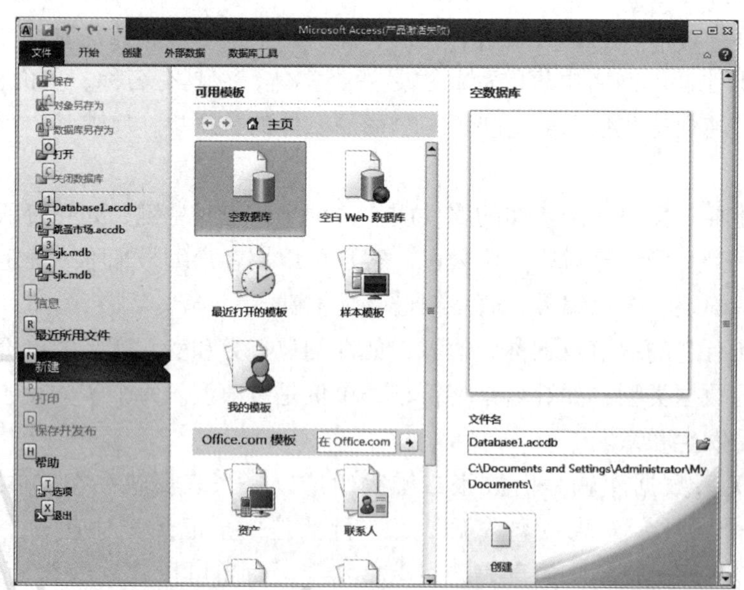

图 3–1–1　Access 启动页面

为数据库设置名称，如“跳蚤市场”，注意不要更改扩展名，如图 3–1–2 所示。

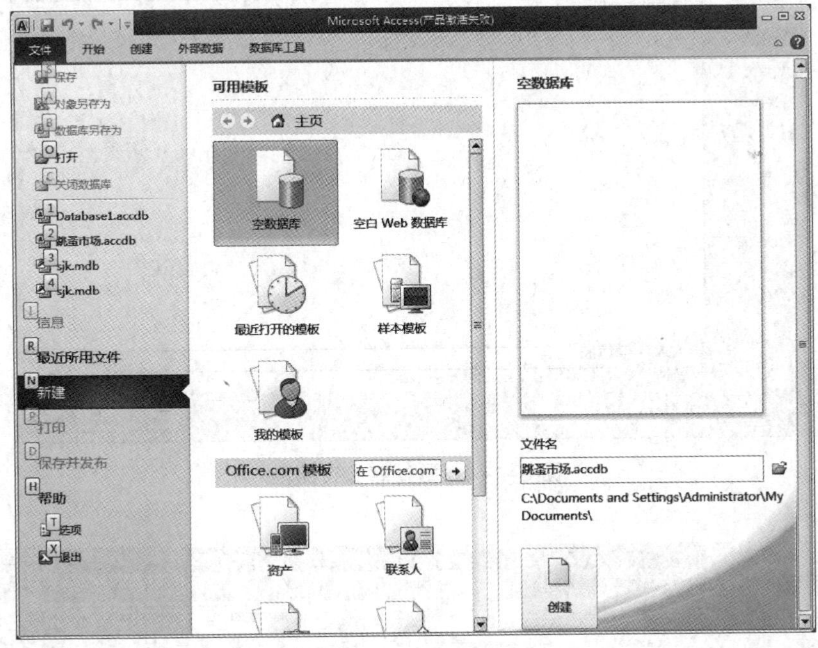

图 3–1–2　数据库命名

单击文件名右侧的打开文件夹按钮，弹出“文件新建数据库”对话框，如图 3–1–3 所示。

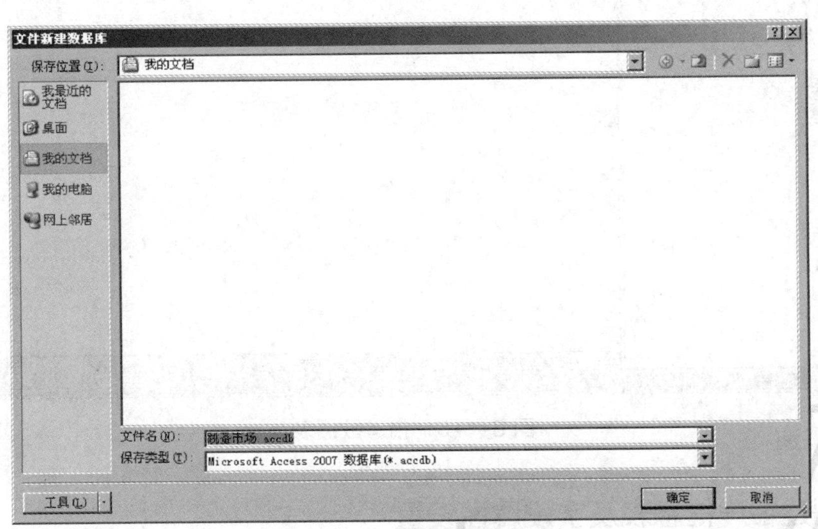

图 3–1–3　文件新建数据库

选择文件路径，建议存放在网页文件夹的子文件夹里，如图 3–1–4 所示。

单击“确定”，数据库创建完成，如图 3–1–5 所示。

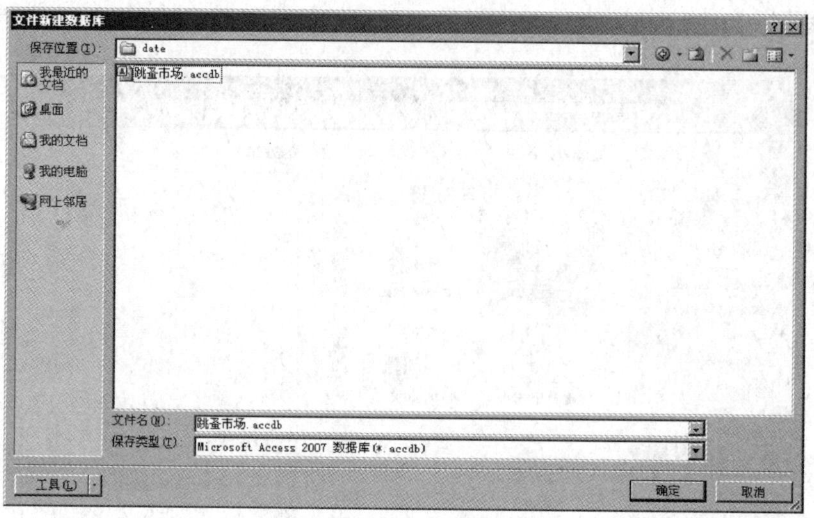

图 3–1–4　数据库保存路径

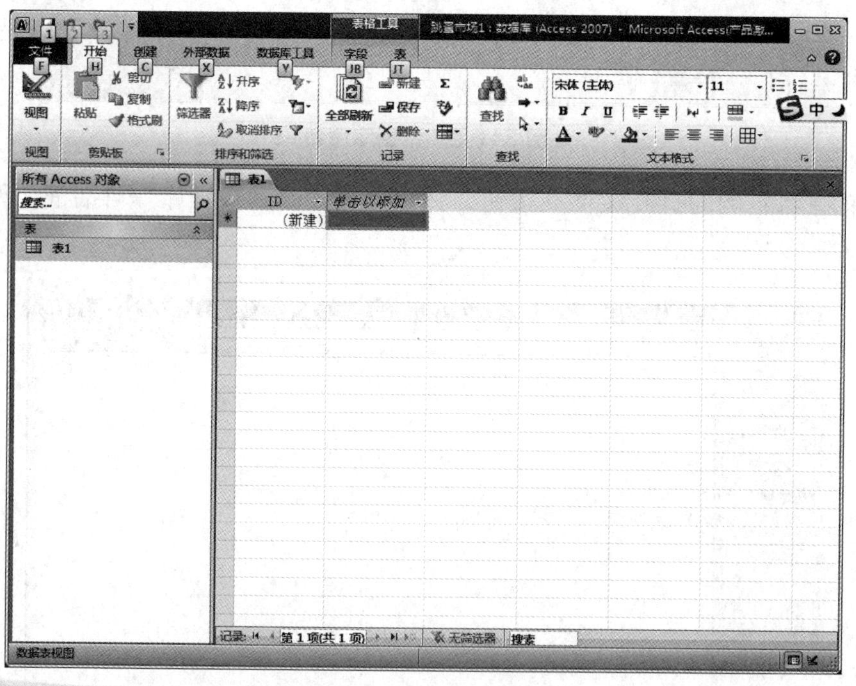

图 3–1–5　创建数据表

二、创建客户信息表及字段属性设置

在“表 1”处单击右键弹出快捷菜单，单击“设计视图”，如图 3–1–6 所示。

输入客户编号字段并设置相关属性，如图 3–1–7 所示。

按表 3–1–3 继续设置其他字段和属性。字段设置完成后，单击“文件”选项卡，单击

"保存"，弹出"另存为"对话框，输入数据表名，如图 3-1-8 所示。

单击"确定"，客户表创建完成。按相同的方法创建其他数据表。

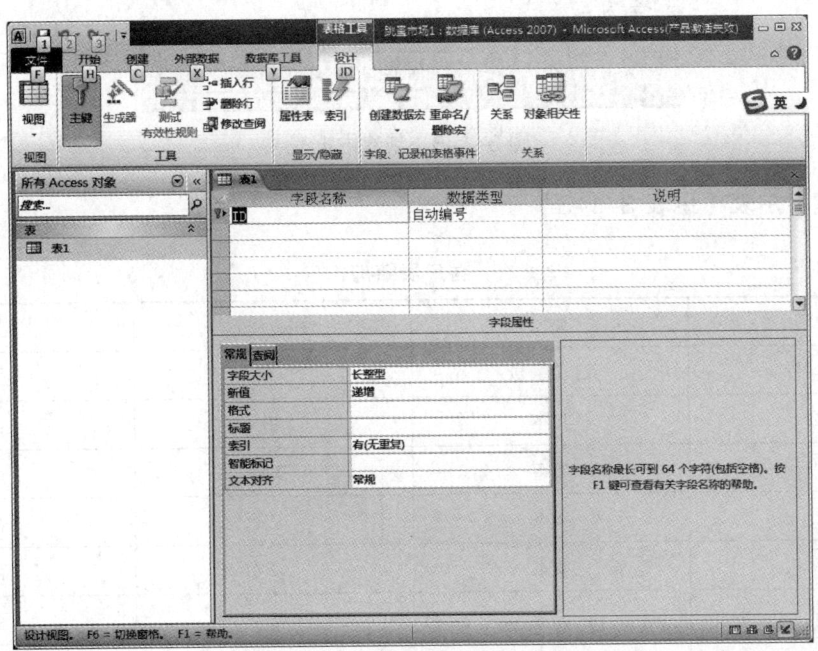

图 3-1-6　数据表的设计视图

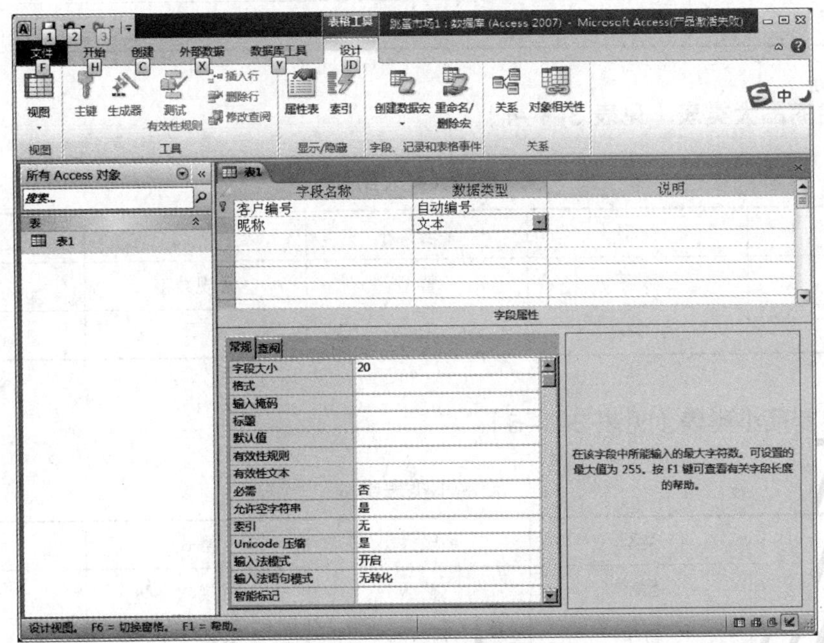

图 3-1-7　字段与属性

图 3-1-8 创建数据表

1. 创建客户表（见表 3-1-3）

表 3-1-3 客户表结构

字段名	类型	字段大小	主键
客户编号	自动编号		是
昵称	文本	20	否
密码	文本	30	否
姓	文本	2	否
名	文本	2	否
性别	文本	2	否
地址	文本	30	否
邮编	文本	6	否
手机号码	文本	11	否

2. 创建商品大类表（见表 3-1-4）

表 3-1-4 商品大类表结构

字段名	类型	字段大小	格式	主键
大类号	数字	整型	常规数字	是
大类名	文本	8		否

3. 创建商品小类表（见表 3-1-5）

表 3-1-5 商品小类表结构

字段名	类型	字段大小	格式	主键
大类号	数字	整型	常规数字	否
小类号	数字	长整型	常规数字	是
小类名	文本	8		否

4. 创建商品信息表（见表 3–1–6）

表 3–1–6　　商品信息表结构

字段名	类型	字段大小	格式	主键
商品编号	自动编号			是
大类号	数字	整型	常规数字	否
小类号	数字	长整型	常规数字	否
客户编号	数字	长整型	常规数字	否
品名	文本	20		否
型号	文本	20		否
规格	文本	20		否
单位	文本	2		否
数量	数字	整型	常规数字	否
原价	货币			否
现价	货币			否
生产厂家	文本	30		否
说明	文本	255		否
图片	文本	30		否
购买日期	日期 / 时间		常规日期	否
新旧	文本	6		否
发布时间	日期 / 时间		长日期	否
状态	文本	2		否
进出	文本	1		否

发布时间的默认值为“=now（)”，状态的默认值为 " 在售 "。

三、输入数据

1. 大类表数据（见表 3–1–7）

表 3–1–7　　大类表数据

大类号	大类名
1	家用电器
2	IT 产品
3	服装鞋帽
4	食品
5	图书

2. 小类表数据（见表 3–1–8）

表 3–1–8 小类表数据

小类号	大类号	小类名	小类号	大类号	小类名
101	1	电视机	102	1	冰箱
103	1	洗衣机	104	1	其他
201	2	手机	202	2	手机配件
203	2	计算机	204	2	计算机配件
205	2	笔记本	206	2	其他
301	3	连衣裙	302	3	T 恤衫
303	3	西装	304	3	春秋装
305	3	牛仔裤	401	4	饼干
402	4	饮料	403	4	方便食品
404	4	膨化食品	405	4	蜜饯
406	4	炒货	406	4	其他
501	5	教科书	502	5	小说
503	5	其他			

可以根据实际情况增减。

四、建立表间关系

商品表 . 大类号──→大类表 . 大类号。

商品表 . 小类号──→小类表 . 小类号。

商品表 . 客户编号──→客户表 . 客户编号。

打开“跳蚤市场”数据库，单击选项卡“数据库工具” / “关系”，进入“关系工具设计”窗体，如图 3–1–9 所示。

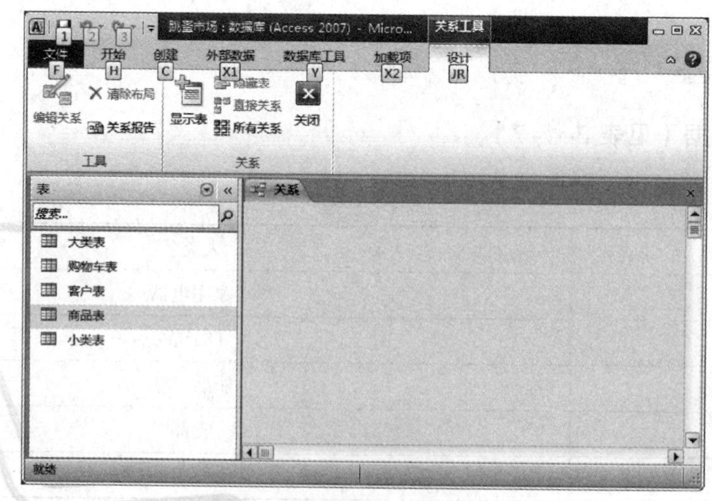

图 3–1–9 关系工具设计

单击“显示表”，弹出“显示表”对话框，如图 3–1–10 所示。

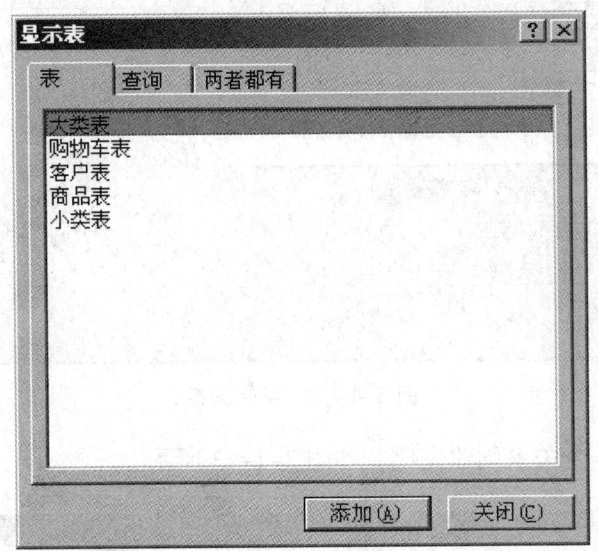

图 3–1–10　显示表

选中表，单击“添加”，加入数据表，再选其他表添加，多次操作将表间关系设计完成，如图 3–1–11 所示。

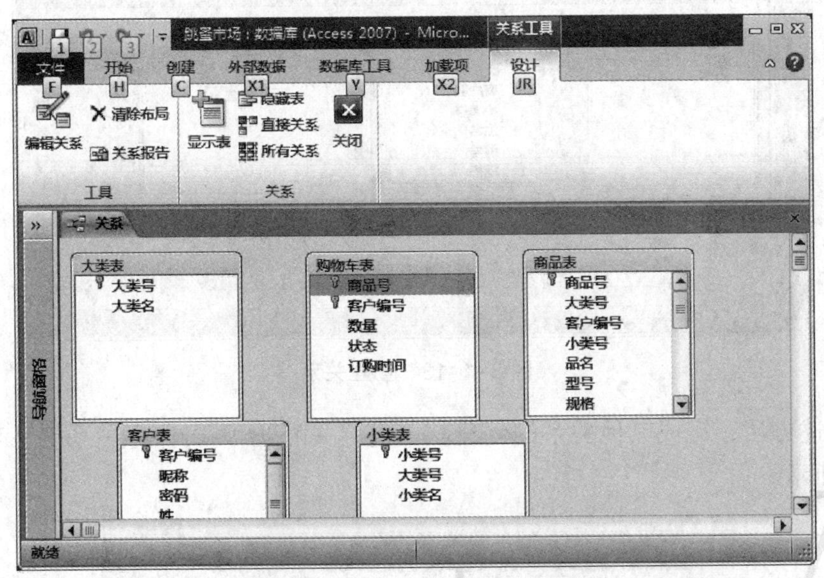

图 3–1–11　表间关系设计

单击大类表的大类号，拖拉到商品表的大类号上释放，弹出“编辑关系”对话框，如图 3–1–12 所示。

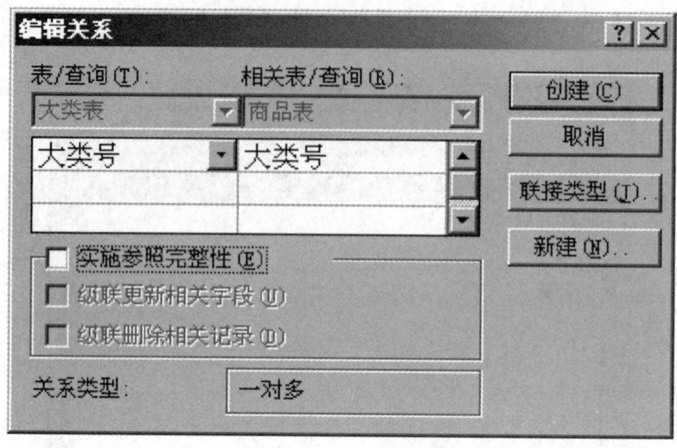

图 3–1–12　编辑关系

单击“创建”，一个关系创建完成，如图 3–1–13 所示。

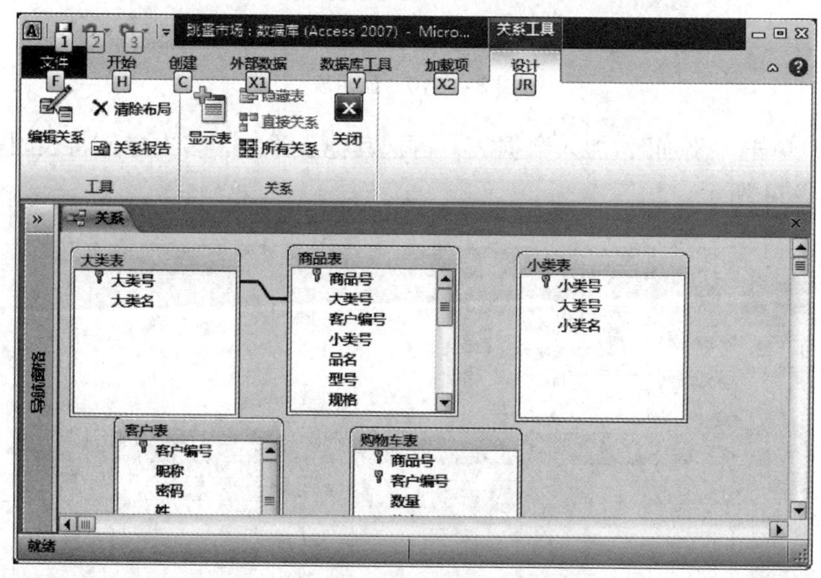

图 3–1–13　创建关系

重复上述方法，完成其他关系的创建。单击“关闭”，弹出保存关系确认对话框，如图 3–1–14 所示。

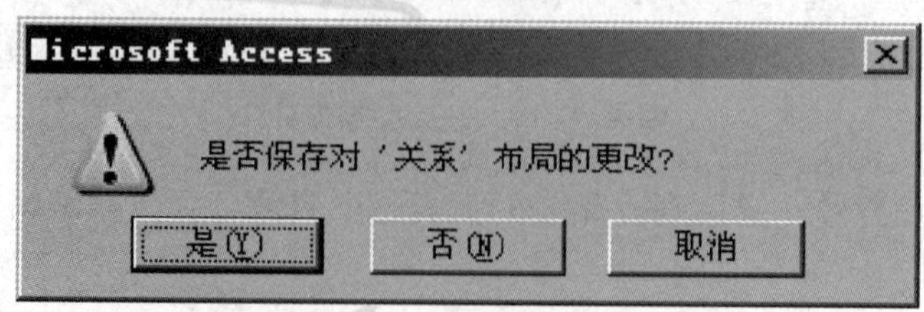

图 3–1–14　保存关系

单击“是”进行保存，关系创建完毕。

五、创建出售商品查询

创建查询，单击选项卡“创建”/“查询设计”，弹出“显示表”对话框，如图 3-1-10 所示。选择商品表、大类表、小类表、客户表，弹出“查询工具设计”窗体，如图 3-1-15 所示。

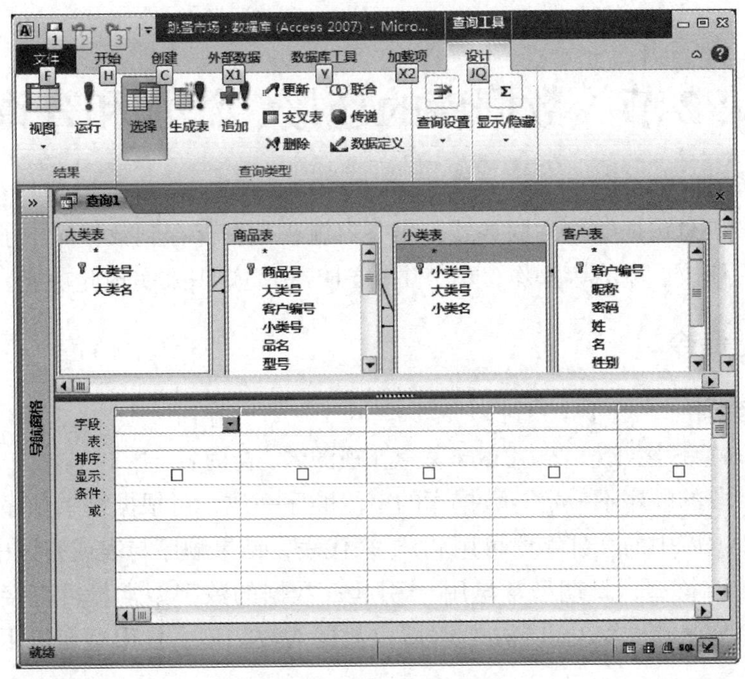

图 3-1-15　查询工具设计

表的联系：商品表 . 大类号⟶大类表 . 大类号。

商品表 . 小类号⟶小类表 . 小类号。

商品表 . 客户编号⟶客户表 . 客户编号。

添加的字段有商品表全部字段、大类表的大类名、小类表的小类名和客户表的除客户编号外的全部字段；进出字段加条件为“出”；状态字段加条件“在售”；增加字段“折扣 :［现价］/［原价］”；排序设为“升序”，如图 3-1-16 所示。

字段:	折扣: [现价]/[原价]	进出	状态
表:		商品表	商品表
排序:	升序		
显示:	☑	☑	☑
条件:		"进"	"在售"
或:			

图 3-1-16　出售查询的字段

思考与练习

1. 简述关系数据库的基本概念。
2. 建立购物车表与商品表的联系。
3. 创建客户表、商品大类表、商品小类表、商品信息表。
4. 创建购物车表（字段：客户编号，商品编号，数量，状态，订购时间）。

第 2 节　数据库的连接、添加和查询

注册的客户信息传送给网站服务器，服务器就将数据保存到数据库中了，进而可以对数据进行查询、修改、删除等操作，本节讲解 SQL 相关知识来实现此功能。

一、SQL 命令

1. 无条件查询

格式：select 字段名 1［，…］from 表名 | 视图名 | 查询名

（1）多个字段的顺序不一定与数据库的字段顺序一致，可根据结果顺序来设计。

（2）查询数据库中的全部字段可用“*”来代表，结果顺序与表或查询中的顺序一致。

（3）数据的字符型、日期型常量用 ' ' 引起；数据的数字型常量可直接填写；数据的字符型、日期型变量用 '"& 变量名 &"' 引起；数据的数字型、货币型变量用 "& 变量名 &" 引起。

例如：查询出售商品信息的全部字段。

select*from 出售查询

2. 条件查询

格式：select 字段名 1［，…］from 表名 | 视图名 | 查询名 where 条件

（1）条件可以是关系式、逻辑式等。

（2）字段的要求与无条件查询相同。

（3）数据的书写格式与无条件查询命令相同。

例如：查询客户表中昵称为乐乐的客户编号、密码、性别。

select 客户编号，密码，性别 from 客户表 where 昵称 =' 乐乐 '

3. 计算查询

格式：select 计算式 as 别名 from 表名

（1）计算式可以用算术运算符、链接符等。

（2）别名是计算结果的新的字段名。

例如：计算商品的折扣。

select 现价 / 原价 as 折扣 from 商品表

例如：查询客户表中客户的真实姓名。

select 姓 + 名 as 姓名 from 客户表

4. 排序查询

格式：select 字段名 1［，…］from 表名 | 视图名 | 程序名［where 条件］order by 字段名 1 desc | asc［，…］

（1）排序有升序 asc（默认方式）和降序 desc 两种。

（2）数字型按大小排序；英文按字母顺序排序；汉语按拼音顺序排序。

（3）字段名 1 为第一排序，后面的是第二、第三排序…

（4）排序的字段一定要在查询结果的字段中存在。

例如：查询出售商品中的全部信息，按发布日期降序排序。

select*from 出售查询 order by 发布日期 desc

5. 查询中函数的使用

常用函数有：最大值 max（ ）、最小值 min（ ）、总和 sum（ ）、平均值 avg（ ）、前几名 top n、计算记录条数 count（ ）。

例如：查询商品出售信息中折扣在前六名的商品信息。

select top 6*from 出售查询 where order by 折扣

6. 添加

格式：insert into 表名（字段名 1［，…］）values（数据 1［，…］）

（1）插入的数据要和字段的位置相对应，字段名 n 插入数据 n。

（2）如果插入的是表的全部字段，字段名可以省略。

（3）数据的书写格式与查询命令相同。

（4）［ ］中的部分为可选部分，| 分开部分为几选一。

例如：向客户表添加一条客户记录。

insert into 客户表（昵称，密码，性别）values（'"&s1&"'，'"&s2&"'，'"&s3&"'）

其中 s1 是昵称变量，s2 是密码变量，s3 是性别变量。

二、server 对象及方法

server 对象用于访问和使用服务器的对象。

1. createobject 方法

createobject 方法用于创建一个已注册到服务器上的组件实例。

例如：创建一个 connection 实例，用于连接数据库。

```
set cn=server.createobject（"adodb.connection"）
```

2. mappath 方法

mappath 方法用于获取某文件在服务器上的绝对路径。

例如：获取跳蚤市场 .accdb 在服务器上的绝对路径。

server.MapPath（"跳蚤市场 .accdb"）

三、connection 对象及方法

connection 对象用于连接数据库，完成对数据库的相关操作。

1. 创建 connection 对象

```
set cn=server.createobject（"adodb.connection"）
```

2. open 方法

加载驱动、完成与数据库的连接。如连接“Access2010 的跳蚤市场 .acdb”数据库：

```
cn.open="Provider=Microsoft.ACE.OLEDB.12.0; Data Source=" &server.MapPath
（"date/ 跳蚤市场 .accdb"）
```

它是采用 OLEDB 技术连接数据库的。

3. close 方法

关闭与数据库的连接，关闭后还应该释放内存资源。例如：

cn.close

set cn=nothing '释放 cn 对象的内存资源

4. execute 方法

执行 SQL 命令。

例如：添加客户信息表中昵称为“张三”的信息。

dim a

a="张三"

```
cn.Execute（"insert into 客户表（昵称）values（'"&a&"'）"）
```

四、recordset 对象及方法

recordset 对象是执行对数据库的查询并处理查询结果，也可执行其他操作。

1. 创建 recordset 对象

```
set re=server.createobject（"adodb.recordset"）
```

2. open 方法

执行查询数据库并将结果暂存在 recordset 对象中。

语法格式：recordset.open SQL 命令，连接数据库对象、光标类型、锁定方式，其中：

光标类型：1，只许前移（默认类型）；2，键集；3，动态；4，静态。

锁定方式：1，只读（默认类型）；2，悲观的；3，乐观的；4，批量乐观。

例如：无条件查询客户表的所有字段。

```
re.open "select * from 客户表 ", cn,1,3
```

3. close 方法

关闭 recordset 对象，关闭后还应该释放内存资源，例如：

re.close

set re=nothing

4. 其他方法（见表 3–2–1）

表 3–2–1　　其他方法

方法名称	说明
movelast 方法	光标移到最后一条记录
movefirst 方法	光标移到第一条记录
movenext 方法	光标后移一条记录
eof 属性	光标位于最后一条记录后为 true，否则为 false
bof 属性	光标位于第一条记录前为 true，否则为 false
addnew 方法	添加一条新记录
update 方法	更新记录
recordcount 属性	查询结果的记录条数
pagesize 属性	分页显示时设定每页的记录条数
absolutepage 属性	分页显示时光标定位所在页码的第一条
pagecount 属性	分页显示时页码数

五、对数据库读写的一般步骤

动态网页的主要特点是有数据库的支持，应用数据库对数据进行保存和使用，需要对数据库进行查询、添加、修改、删除等操作。用户注册的信息、发布的出售信息、发布的求购信息要添加，保存到数据库中。浏览网站信息要对数据库进行查询，更改发布的信息要修改，商品下架要删除。上述这些操作本质上就是对数据库的读和写，连接数据库，访问数据库，执行查询、添加、修改、删除操作，关闭数据库。

技能训练

一、通过数据源连接 Access 2010 数据库

首先打开“ODBC 数据源管理器”，选择“开始”/“所有程序”/“管理工具”，单击“数据源（ODBC）”打开“ODBC 数据源管理器”对话框，如图 3-2-1 所示。

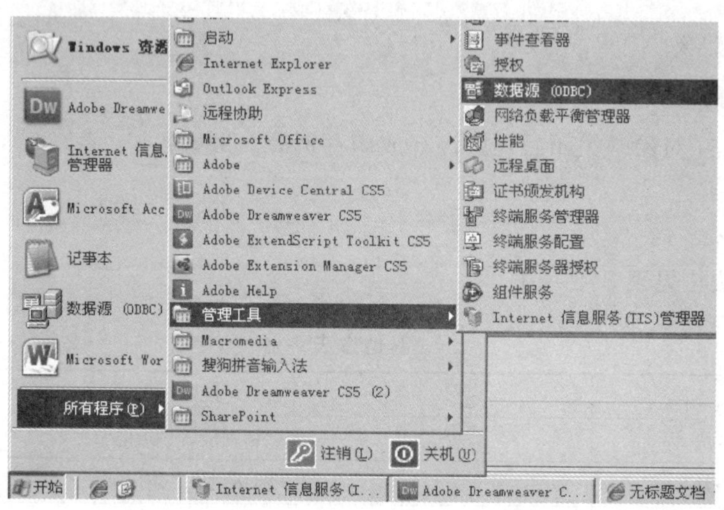

图 3-2-1　打开数据源

单击“系统 DSN”选项卡，如图 3-2-2 所示。

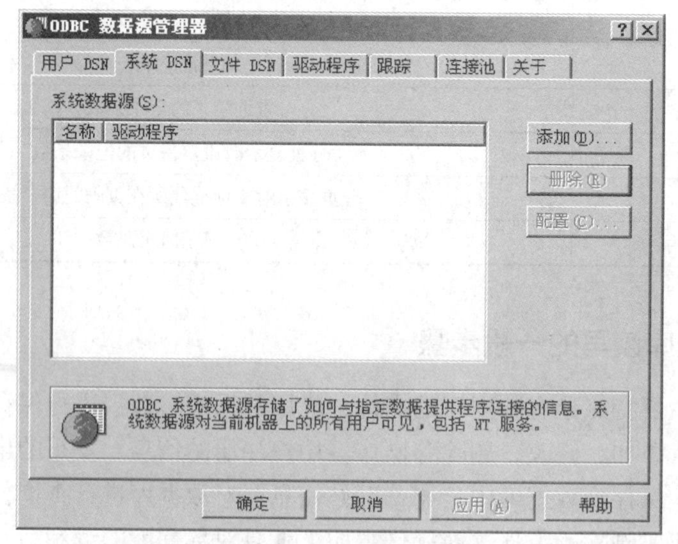

图 3-2-2　系统 DSN

单击“添加”，打开“创建新数据源”对话框，如图 3-2-3 所示。

图 3-2-3　创建新数据源

选择“Microsoft Access Driver (*.mdb，*.accdb)”数据源的驱动程序，单击“完成”按钮，打开“ODBC Microsoft Access 安装”对话框，如图 3-2-4 所示。

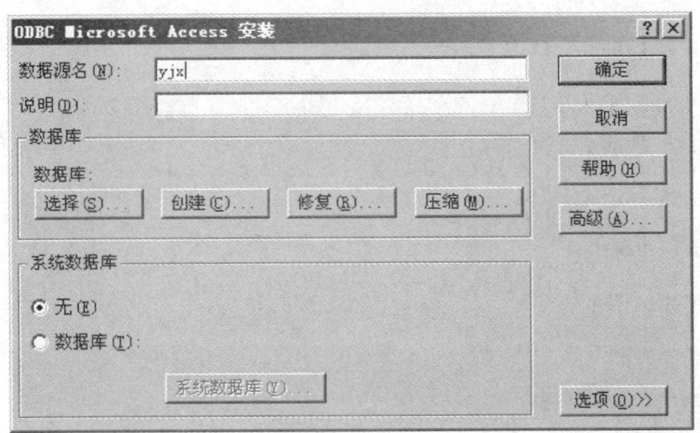

图 3-2-4　ODBC Microsoft Access 安装

数据源名为“yjx”，单击“选择”，打开“选择数据源”对话框，选择驱动器的盘符，选择目录，选择数据库名，如图 3-2-5 所示。

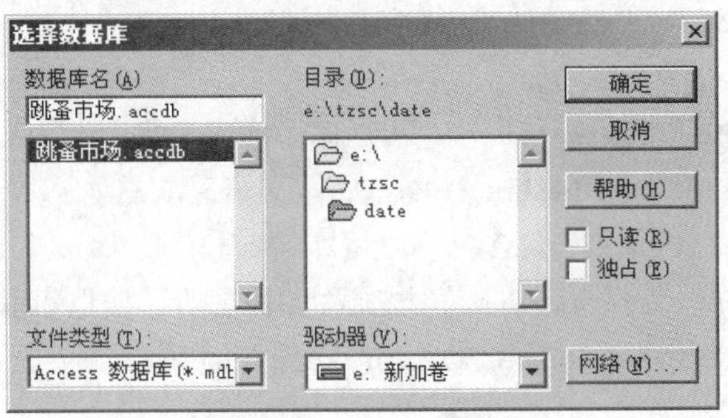

图 3-2-5　选择数据库

连续单击“确定”，数据源设置完毕。新建数据库连接文件，代码如下：

```
<%
set cn= Server.CreateObject ( "ADODB.Connection" )
set re = Server.CreateObject ( "ADODB.Recordset" )
cn.open "dsn=yjx; "
%>
```

以后需要连接数据库时调用即可。

二、添加记录

添加记录可用 SQL 命令来实现，参考代码如下：

```
<!--#include file="date/date.asp"-->
<%
dim a, b, c, d, e, f, g, h, sql
a=Trim ( Request.Form ( "t1" ))
b=Trim ( Request.Form ( "t2" ))
c=Trim ( Request.Form ( "t3" ))
d=Trim ( Request.Form ( "t4" ))
e=Trim ( Request.Form ( "r1" ))
f=Trim ( Request.Form ( "t5" ))
g=Trim ( Request.Form ( "t6" ))
h=Trim ( Request.Form ( "t7" ))
re.open "select * from 客户表 where 昵称 ='"& a &"'",cn,1,1
if  re.eof  then
  sql="insert into 客户表（昵称，密码，姓，名，性别，地址，邮编，手机）"
  sql=sql&" values ( '"&a& "','"&b& "','"&c& "','"&d& "','"&e& "',"
  sql=sql& " '"&f& "','"&g& "','"&a& "' ) "
  cn.Execute ( sql )
  Response.Write ( "<script>alert ( '恭喜你，你成为我们的会员 !' ); </script>" )
  Response.Write ( "location.href='dl.asp'; </script>" )
else
  Response.Write ( "<script>alert ( '该昵称已被注册，请重新取名！ ' ); </script>" )
  Response.Write ( "location.href='zc.asp'; </script>" )
end if
```

```
%>
<!--#include file="date/close.asp"-->
```

当调试出现“800 a0e7a”错误提示时，是因为 Windows 2008 缺少微软的 Access 数据库引擎，可以下载微软官方安装包（下载时注意 64 位或 32 位），安装好后就可以正常运行了。

三、创建连接数据库文件

启动 Dreamweaver，新建 ASP 文件，保存在网页文件夹下的 date 文件夹中。去除原有的全部代码，输入以下代码：

```
<%
set cn = Server.CreateObject（"ADODB.Connection"）'创建 connection 对象
set re = Server.CreateObject（"ADODB.Recordset"）'创建 recordset 对象
cn.open = "Provider=Microsoft.ACE.OLEDB.12.0; Data Source="& server.MapPath
（"date/ 跳蚤市场 .accdb"）
'连接跳蚤市场数据库
%>
```

其中“跳蚤市场 .accdb”为数据库名。以后需要连接数据库，只要调用该文件即可。

四、创建关闭数据库文件

新建 ASP 文件，保存在网页文件夹下的 date 文件夹中。去除原有的全部代码，输入以下代码：

```
<%
re.close          '关闭 recordset 对象
set re=nothing    '释放内存空间
cn.close
set cn=nothing
%>
```

以后需要关闭数据库，只要调用该文件即可。

五、完成对数据库的添加

打开客户信息接收文件，在文件头部下加文件调用语句，完成连接数据库。

```
<!-- #include file="date/date.asp"-->
```

在接收到客户提交的信息后，加入以下代码：

```
<%
dim a,b,c,d,e,f,g,h,sql
a=Trim（Request.Form（"t1"））          '接收客户提交的昵称
'……     接收客户提交的其他信息
re.open"select*from 客户表 ",cn,1,3     '查询客户表
  re.addnew                             '添加新记录
  re（" 昵称 "）=a                       '向昵称字段添加 a 变量的值
  '……                                   '添加其他字段
  re.update                             '更新记录
  Response.Write（"<script>alert（'恭喜你，你已成为我们的会员 !'）; </script>"）
  Response.Write（"<script>location.href='dl.asp'; </script>"）
  '提示，跳转到登录窗口
  %>
```

最后关闭连接，在文件的最后调用关闭数据库文件。

```
<!--#include file="date/close.asp"-->
```

要养成需要使用数据库就连接用完就关闭的习惯，以保证数据库的安全。

六、防止同名客户注册

如果要求客户不能使用相同的昵称，可以在添加记录前做条件查询，判断该昵称是否存在，不存在再加入，存在则返回注册文件，重新注册，代码如下：

```
re.open "select * from 客户表 where 昵称 ='"& a &"'",cn,1,1
if re.eof then
   re.close
  '添加记录代码
else
  Response.Write（"<script>alert（'该昵称已被注册，请重新取名！'）; </script>"）
  Response.Write（"<script>location.href='zc.asp'; </script>"）
end if
```

思考与练习

1. 如何进行数据库的连接操作？
2. 数据库进行添加操作时，需要用到哪些对象和方法？
3. 数据库读写的一般步骤是什么？

第4章　电子商务网站登录和商品发布功能的实现

第1节　登录功能设计

完成登录功能的设计需要从登录页面设计、信息合理性验证、查询数据库确定信息合法性三个方面入手。登录页面的设计可以参考之前注册页面的设计，合理性的验证用 Vbscript 的脚本（session 对象和 application 对象）来执行，通过数据库的查询语句对客户的昵称、密码等信息进行确定。

一、session 对象

session 对象是一个供全体应用程序使用的但是给某个客户单独使用的对象。其特点是在 session 对象中定义的变量可以为网站中所有文件使用，某位客户独立使用的变量，从定义 session 变量开始到关闭网站将永久保存等。常用于暂存某客户、某过客的信息等。

定义 session 变量并赋值：session（" 变量名 "）= 值

二、application 对象

appliction 对象是一个供全体应用程序使用和全体客户共享的对象。其特点是在 appliction 对象中定义的变量可以为网站中所有文件使用，每一位客户共享此变量，从定义开始只要服务器在运行将永久保存等。常用于网页计数器、访问网站人次、当前在线人数、发布公共信息等。

定义 appliction 变量并赋值：appliction（" 变量名 "）= 值

lock 方法，锁定对 appliction 变量的操作。unlock 方法，释放锁定。

技能训练

一、布局设计

布局可以用表格来实现，每个单元格可以放上相应的控件，通过表格的属性设置进行设计，如图 4–1–1 所示。

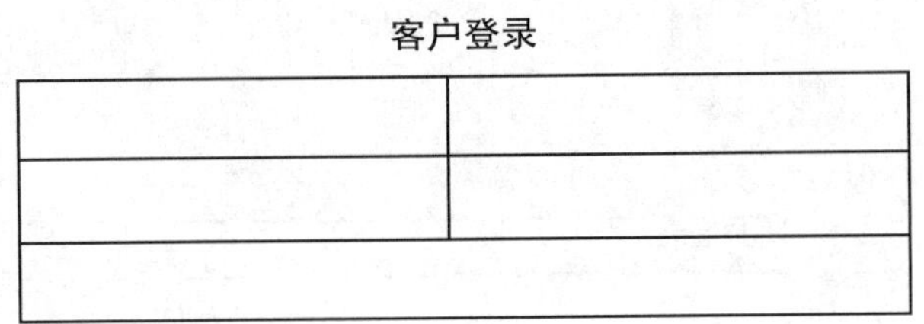

图 4–1–1　登录页面的表格布局

表格的标题为客户登录，对齐方式为居中，线条可以选择单线或双线，也可以没有线条，还可以添加背景颜色、图片等。设计过程如下：

打开 Dreamweaver，打开登录文件，在 body 中插入表单，单击“插入” / “表单” / “表单”，打开“标签编辑器”对话框，设置操作为“dlyx.asp”，方法为“post”，名称为“form1”，如图 4–1–2 所示。

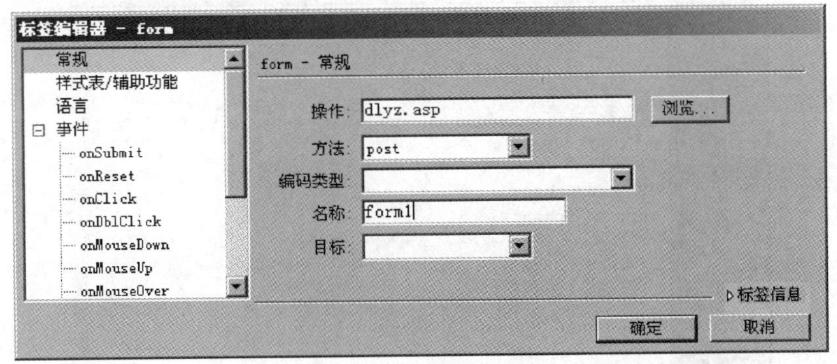

图 4–1–2　表单设置

单击“确定”，在 form 标签中插入表格，单击菜单“插入” / “表格”，弹出“表格”对话框，设置行数为“3”，列数为“2”，表格宽度为“400 像素”，标题为“客户登录”，如图 4–1–3 所示。

单击“确定”，代码效果如图 4–1–4 所示。

单击“设计”，选中第一行、第二行的第一列，选水平为“右对齐”，如图 4–1–5 所示。

选中第三行，单击合并单元格，效果如图 4–1–6 所示。

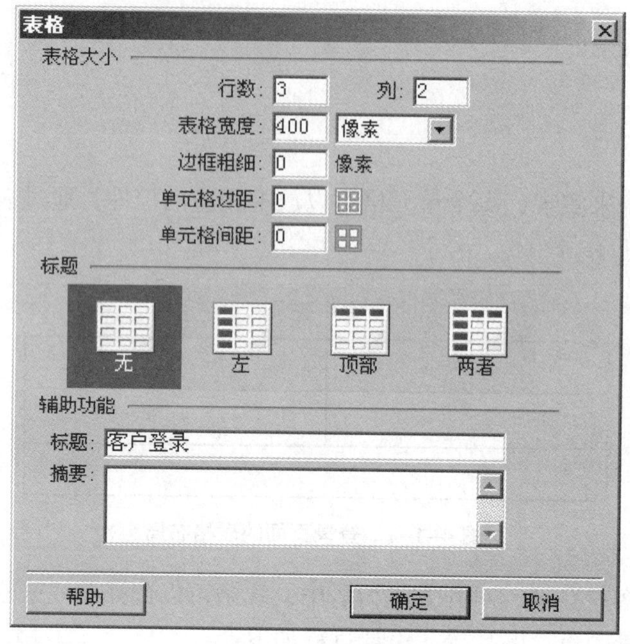

图 4-1-3　表格设置

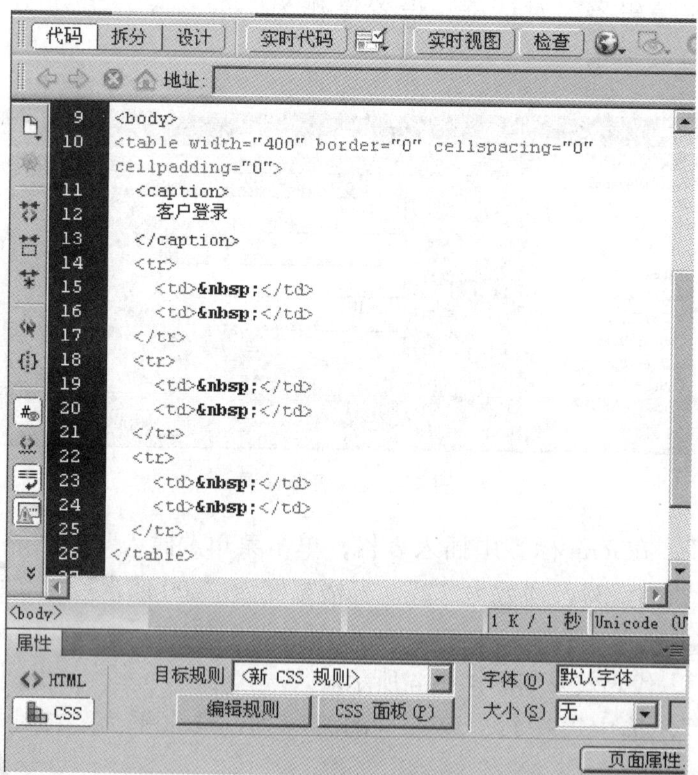

图 4-1-4　表格代码

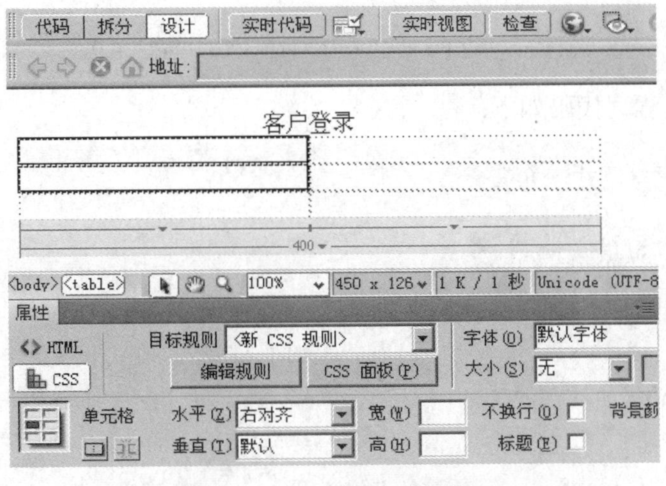

图 4-1-5　对齐方式设置

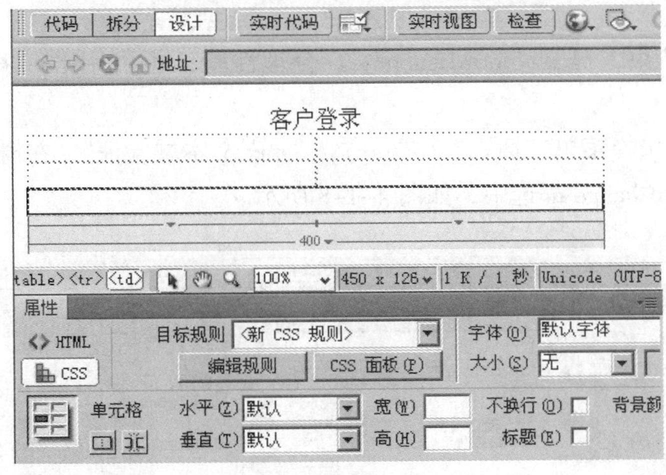

图 4-1-6　合并单元格

二、客户登录表单设计

表格的第一行第一列放标签：姓名；第一行第二列放文本域；第二行第一列放标签：密码；第二行第二列放密码域；第三行放两个按钮，对齐方式居中。再加上表单，登录页面就完成了，运行结果如图 4-1-7 所示。

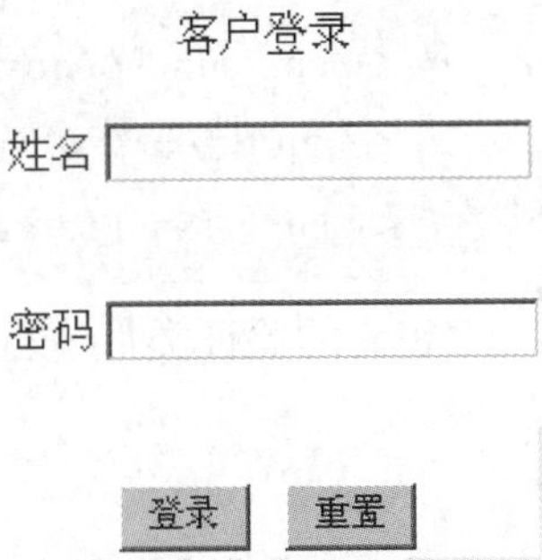

图 4-1-7　客户登录页面

三、信息合理性验证

姓名、密码的合理性主要是不能为空。在登录按钮中加点击事件属性。主要代码为：

```
<input name="bt1" type="button" value=" 登录 " onclick="yz ( ) ">
```

再定义事件过程，代码如下：

```
<script language="vbscript">
  sub yz ( )
    if form1.t1.value="" then
      alert" 昵称不能空 "
      form1.t1.select
      exit sub
    end if
'……
</script>
```

合理性验证结束，提交“form1.submit”。合理性验证也可用 CSS 来实现，设计方法如下：

选中文本域，选择菜单“插入”/“spry”/“spry 文本域验证”，在窗体下方的属性区，验证于 onBlur 和 onChange 都选中，如图 4-1-8 所示。

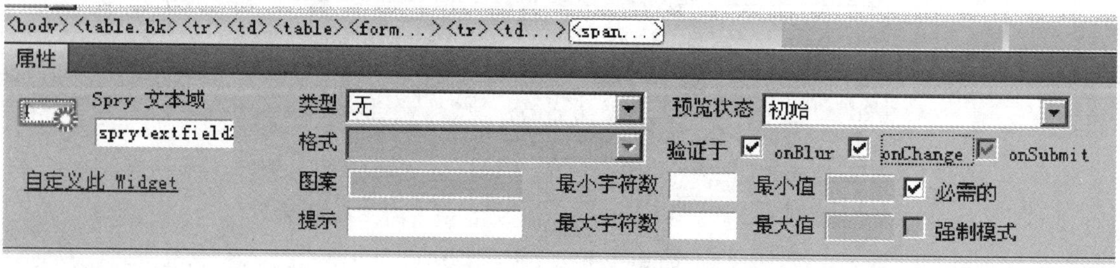

图 4-1-8　CSS 的 spry 验证

将代码中“需要提供一个值。”修改为“昵称不能空！”，部分代码如下：

```
<span  id="sprytextfield1">
<input type="text" name="t1" id="t1" size="18"/>
<span class="textfieldRequiredMsg"> 昵称不能空！ </span></span>
```

密码的验证类似进行，最终的效果如图 4-1-9 所示。

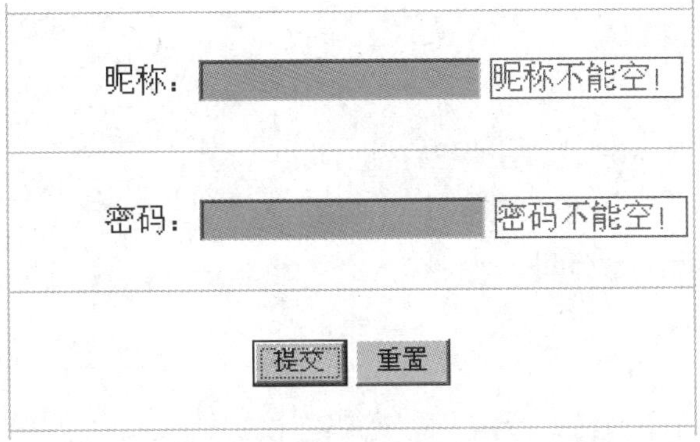

图 4-1-9　登录的 CSS 验证

四、客户身份确定

连“dlyz.asp”文件主要用来获取表单信息，连接数据库，查询有无该客户姓名，判断密码正确与否，存在客户、密码正确即把客户的信息存入 session 对象中，关闭连接。

连接数据库：<!--#include file="date/date.asp"-->

获取表单中文本域的信息：a=request.form（"t1"）

查询有无该客户：

re.open"select*from 客户表　where 昵称 ='"& a &"'",cn,1,3

判断密码正确否：if Trim（Request.Form（"t2"））=re（" 密码 "）then

获取 scssion 变量值：session（"id"）=re（" 客户编号 "）

转入首页：Response.redirect（"index.asp"）

Asp 结束：Response.End（）

关闭连接：<!--#include file="date/close.asp"-->

参考代码如下：

```
<!--#include file="date/date.asp"-->
<%
dim a
a=Trim（Request.Form（"t1"））
re.open "select * from 客户表 where 昵称 ='"& a &"'"，cn,1,1
if re.eof then
Response.Write（"<script>alert（'抱歉，你还不是我们的会员！请先注册'）；</script>"）
Response.Write（"<script>location.href='zc.asp'；</script>"）
else
```

```
    if Trim ( Request.Form ( "t2" ) ) =re ( " 密码 " ) then
      session ( "name" ) =a
      session ( "id" ) =re ( " 客户编号 " )
      session ( "sex" ) =re ( " 性别 " )
      Response.Redirect ( "index.asp" )
      Response.End ( )
  else
      Response.Write ( "<script>alert ( '密码有误！ '); </script>" )
      Response.Write ( "<script>location.href='dl.asp'; </script>" )
  end if
end if
%>
<!--#include file="date/close.asp"-->
```

五、登录后头部文件的变化

登录后该客户不需要再次登录，可以将头部文件中的登录导航改成欢迎词。为此可以在头部文件中做以下代码的修正：

```
<% if session ( "id" ) ="" then %>
    <a href=" dl.asp" > 登录 </a>
<% else
Response.Write ( " 欢迎你，"&session ( "name" ) &session ( "sex" ))
Response.Write ( "    <a href='tc.asp'> 退出 </a>" )
end if   %>
```

六、退出登录文件

退出登录就是将该用户的 session 变量清空，再返回首页，主要代码如下：

```
<%
  session ( "name" ) =""
  session ( "id" ) =""
  session ( "sex" ) =""
  Response.Redirect ( "index.asp" )
%>
```

七、登录页面的美化

登录页面还可以进行美化，代码如下：

```
<script language = "JavaScript">
   function login ( ) {
      if ( document.myform.t1.value=="" ) {
           document.myform.t1.focus ( );
           alert ( " 请输入用户名！ " );
           return false;
      }
      if ( document.myform.t2.value=="" ) {
           document.myform.t2.focus ( );
           alert ( " 请输入密码！ " );
                   return false;
      }
   }
</script>
<style type="text/css">
   a{color:#00F; text-decoration:none; font-size:14px; }
   img{border-width:0px 0px 0px 0px; }
</style>
<body>
<!-- #include file="date/date.asp"-->
<%
   if request ( "action" ) ="login" then
      sql="select * from 客户表 "
      sql=sql&" where 昵称 ='"&trim ( request.form ( "t1" ) ) &"'"
      re.open sql,cn,1,3
      if re.eof   then
         session ( "sex" ) =""
         session ( "id" ) =""
         session ( "user" ) =""
         response.Write ( "<script>alert ( '用户名有误！ '); </script>" )
         response.Write ( "<script>history.back ( ); </script>" )
```

```
        response.End（）
      else
        if request.Form（"t2"）=re（"密码"）then
          session（"sex"）=re（"性别"）
          session（"id"）=re（"客户编号"）
          session（"user"）=re（"昵称"）
          response.Write（"<script>location.href='index.asp'; </script>"）
        else
         session（"sex"）=""
         session（"id"）=""
         session（"user"）=""
        response.Write（"<script>alert（'密码有误！'）; </script>"）
        response.Write（"<script>window.history.back（）; </script>"）
        response.End（）
      end if
    end if
  %>
  <!--#include file="date/close.asp"-->
  <% else %>
  <table width="800" height="500" align="center" background="image/登录图.jpg">
      <tr height="150"><td>
         <table border="0" width="530" align="right">
           <tr>
             <td align="center" height="45" colspan="3">
                <form name="myform" method="post" action="logen.asp" onSubmit=
"return login（）; ">
                  <input name="t1" type="text" size="40" style="border: 0px 0px 0px 0px; "/>

            </td>
          </tr>
          <tr>
            <td align="center" height="45" colspan="3">
              <input name="t2" type="password" size="42" style="border: 0px 0px 0px
0px; "/>
```

```
      </td>
    </tr>
    <tr>
      <td height="30" align="center" colspan="3">  </td>
    </tr>
    <tr>
      <td align="center" colspan="3">
        <a href="#" onclick="javascript:document.myform.action.click ( ); ">
        <img src="image/ 登录按钮 .jpg"/></a></td>
    </tr>
      <input name="action" type="submit" style="display:none" value="login">
      </form>
    <tr align="center">
      <td width="20%"><a href="index.asp"> 首页 </a></td>
      <td><a  href="javascript:close ( ); "> 退出 </a></td>
     <td><a  href="reg.asp"> 注册 </a></td>
    </tr>
   </table>
  </td>
 </tr>
</table>
<% end if %>
```

运行效果如图 4–1–10 所示。

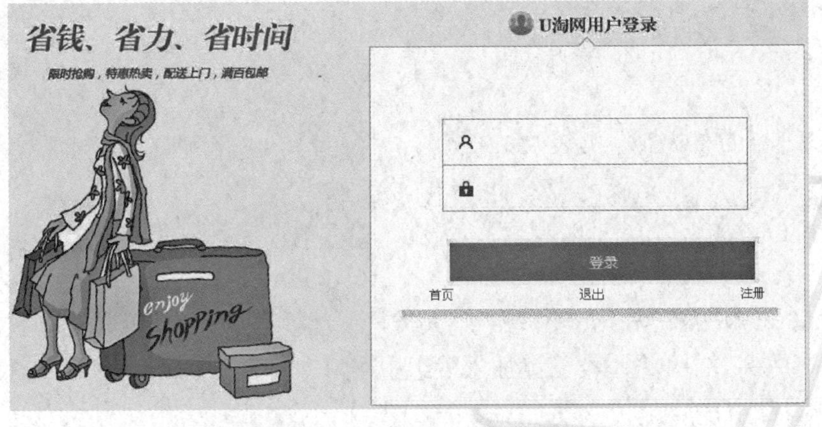

图 4–1–10　美化后的用户登录页面

思考与练习

1. 如何限定登录的次数？
2. 应用表格对登录窗口进行布局，要求大方、整齐、美观。
3. 在头文件中修改登录超链接。

第2节　商品发布功能设计

客户注册、登录后，就可以发布需要出售的商品信息，这些信息还可以让他人浏览、查询、选购。为此和客户注册模块的设计类似，首先要设计一个人机对话页面，用于信息的填写，其次再验证所填信息的合理性，接下来提交信息，最后添加到数据库中。完成上述任务需要解决三大技术问题：商品类别和小类的联动、年月日的联动、图片的上传。

一、商品类别和小类的联动

商品信息是按大类来管理的，按商品的使用功能分类，如IT产品、家电、食品等，而在各类商品里还应该再细分，如IT产品中还应该细分计算机、笔记本、智能手机等。当选择商品类别是IT产品，相对应的商品小类一定是计算机、笔记本、智能手机等。商品的大类和小类应该是联动的。商品的大类和小类信息都已在数据库中，进行如下的设计可以完成商品类别和小类的联动。

1. 小类信息的读取

```
<!--#include file="date/date.asp"-->
<script type="text/javascript">
var s=new Array（）;   '声明数组
<%
re.open "select * from 小类表 ",cn,1,3
i=0
while not re.eof
%>
s［<%=i%>］=new Array（'<%=re（" 大类号 "）%>','<%=re（" 小类号 "）%>','<%=re
（" 小类名 "）%>'）;   '将小类信息加入数组中
<%  i=i+1
```

```
        re.movenext
        wend %>
  </script>
```

这样应用 Java 脚本语言把商品小类的信息放在了数组 s 中。

2. 商品大类选择框的设计

大类名：

```
<select name="t2" size="1" style="width:100px；"   onchange="chang（this.value）">
    <option value=""> 请选择 </option>
      <% re.close
        re.open "select * from 大类表 ",cn,1,1
        while not re.eof   %>
           <option value="<%=re（" 大类号 "）%>"><%=re（" 大类名 "）%></option>
        <% re.movenext
           wend%>
</select>
```

3. 小类选择框的设计

小类名：

```
<select name="t3" size="1" style="width:100px；">
<option> 请选择 </option>
    </select>
```

4. 商品大类小类的联动

当大类选择框发生选择事件，调用下列函数，并把所选的大类号传送过去，函数按大类号把它的小类名加到小类选择框里，把小类号作为其 value 的值。

```
function chang（x）' 商品大类选择框的选择事件函数
{
   document.f.t3.length = 0；  ' 清空小类选择框
   document.f.t3.options［document.f.t3.length］= new Option（" 请选择 ",""）;
' 为小类选择框加“请选择”一条
   for（i=0；i<s.length；i++）' 扫描全部小类信息数组
   {
      if（s［i］［0］==x） ' 判定小类数组中的记录是所选择的大类号
```

```
		{
		document.f.t3.options [ document.f.t3.length ] = new Option ( s [ i ] [ 2 ] ,s [ i ] [ 1 ] );
		 ' 为小类选择框添加一条数据
		}
	}
}
```

二、年月日的联动

1. 年份选择框设计

```
<select name="t21" size="1" onchange="dd ( ) ">
  <%   for i=year ( date ( )) to year ( date ( )) -10 step -1%> ' 获取最近的 10 年
    <option value="<%=i%>"><%=i%></option>
  <%next%>
</select> 年
```

2. 月份选择框设计

```
<select name="t22" size="1" onchange="dd ( ) ">
  <% for i=1 to 12 %>
    <option value="<%=i%>"><%=i%></option>
  <%next%>
</select> 月
```

3. 日的选择框设计

```
<select name="t23"size="1">
  <% for i=1 to 31 %>
    <option value="<%=i%>"><%=i%></option>
  <%next%>
</select> 日
```

4. 某年某月的天数确定

```
function dd ( )
{
   var d;
   var y=document.f.t21.options [ document.f.t21.selectedIndex ] .value;
   '获取年份选择框所选的年
   var m=document.f.t22.options [ document.f.t22.selectedIndex ] .value;
   if ( m==1||m==3||m==5||m==7||m==8||m==10||m==12 ) '判定大月
       d=31;
   else if ( m== 4||m==6||m==9||m==11 ) '判定小月
       d=30;
   else
   {
       if ( y%4 == 0&& ( y%100 !=0 || y%400 == 0 )) '判定闰年
           d=29;
       else
           d=28;
   }
   document.f.t23.length = 0; '清空日的选择框
   for ( i=1; i<=d; i++ )
     document.f.t23.options [ document.f.t23.length ]= new Option ( i,i );
     '添加日期数据
}
```

该函数和 chang ( ) 函数一起，可以保存为一个 JavaScript 文件，扩展名为“.js”，以后如果要使用就可以直接调用，语句为：<script src="js/day.js"></script>

三、图片的上传

图片上传是客户在客户端把商品的图片传送到服务器上，可将下列代码制作成一个 ASP 文件保存好，需要时调用即可。

```
<%@LANGUAGE="VBSCRIPT" CODEPAGE="65001"%>
<%
Response.Buffer = True
Server.ScriptTimeOut = 9999999
```

```
On Error Resume Next
%>
<!DOCTYPE html PUBLIC "-//W3C//DTD XHTML 1.0 Transitional//EN" "http://www.w3.org/TR/xhtml1/DTD/xhtml1-transitional.dtd">
<html xmlns="http://www.w3.org/1999/xhtml">
<head>
<meta http-equiv = "Content-Type" content = "text/html; charset = utf-8"/>
 <style type="text/css">
 <!--
 body,input {font-size:14px; }
 -->
 </style>
 <title> 图片上传 </title>
 </head>
 <body id="body">
<%
 ExtName = "jpg,gif,png,bmp" ' 允许扩展名
 SavePath = "image/" ' 保存路径
 x=request.QueryString（"n"）
 CheckAndCreateFolder（SavePath）
 Response.Expires = 0
 UpLoadAll_a = Request.TotalBytes ' 取得客户端全部内容
 Response.Write（a ）
 If（UpLoadAll_a>0）Then
   Set a = Server.CreateObject（"ADODB.Stream"）
   a.Type = 1
   a.Open
   a.Write Request.BinaryRead（UpLoadAll_a）
   Response.Write（a）
   a.Position = 0
   b = a.Read
   c = chrB（13）&chrB（10）
   d = clng（InStrB（b,c））
   e = InStrB（d+1,b,c）
```

```
Set f = Server.Createobject ( "ADODB.Stream" )
f.Type = 1
f.Open
a.Position =d + 1
a.CopyTo f,e-d-3
f.Position = 0
f.Type = 2
f.CharSet = "utf-8"
g = f.Readtext
f.Close
h = Mid ( g, InstrRev ( g, "\" ) +1,e )
h=mid ( h, inStrRev ( h, "filename=""" ) +10 )
If ( CheckFileExt ( h, ExtName ) ) Then
    SaveFile = Server.MapPath ( SavePath & h )
    If Err Then
        Response.Write " 文件上传：<span style=""color:red; ""> 文件上传出错 !</
span> <a href=""" & Request.ServerVariables ( "URL" ) &"""> 重新上传文件 </a><br />"
        Err.Clear
    Else
        SaveFile = CheckFileExists ( SaveFile )
        i = Instrb ( b,c&c ) +4
        j = Instrb ( i+1,b,leftB ( b,d-1 ) ) -i-2
        f.Type = 1
        f.Open
        a.Position = i-1
        a.CopyTo f,j
        f.SaveToFile SaveFile,2
        SaveFileName = Mid ( SaveFile, InstrRev ( SaveFile, "\" ) +1 )
        f.Close
      Set f = Nothing
      a.Close
      Set a = Nothing
      %>
      <!--#include file="date/date.asp"-->
```

```
<%
re.open"select 商品编号 from 商品表 ",cn,1,3
re.movelast
x = re（" 商品编号 "）
cn.execute "update 商品表 set 图片 ='"& SaveFileName &"' where 商品编号 ="& x
%>
<!--#include file="date/close.asp"-->
<%
Response.write（"<script>alert（'你的商品出售信息发布成功!'）; location.
href='fbcs.asp'; </script>"）
        End If
    Else
Response.write" 文件上传：<span style=""color:red; ""> 文件格式不正确 !</
span><a href=""" & Request.ServerVariables（"URL"）&"""> 重新上传文件 </a><br />"
    End If
Else
%>
<script language="Javascript">
<!--
function ValidInput（）{
   if（document.upform.upfile.value==""）{
      alert（" 请选择上传文件！ "）;
      document.upform.upfile.focus（）;
      return false;
   }
   return true;
}
-->
</script>
<form action="upload.asp" method="post" name="upform" onsubmit="return
ValidInput（）" enctype="multipart/form-data">
   <p align="center"><font size="+2"> 图片上传 </font></p>
   <p align="center"> 请选择图片文件的地址：<input type='file' name='upfile'
size="40">
```

```
<input type='submit' value=" 上传 ">
<input name="b2" type="hidden" value="<%=request.QueryString ( "n" ) %>" />
</p>
</form>
<p align="center"><a href="index.asp"> 首　页 </a>        <a href="javascript:close ( ); "> 退出 </a></p>
<%
end if
%>
</body></html>
<%' 判断文件类型是否合格
Function CheckFileExt ( FileName, ExtName )' 文件名，允许上传文件类型
FileType = ExtName
FileType = Split ( FileType,"," )
For i = 0 To Ubound ( FileType )
If LCase ( Right ( FileName, 3 )) = LCase ( FileType ( i )) then
CheckFileExt = True
Exit Function
Else
CheckFileExt = False
End if
Next
End Function
' 检查上传文件夹是否存在，不存在则创建文件夹
Function CheckAndCreateFolder ( FolderName )
fldr = Server.Mappath ( FolderName )
Set fso = CreateObject ( "Scripting.FileSystemObject" )
If Not fso.FolderExists ( fldr ) Then
fso.CreateFolder ( fldr )
End If
Set fso = Nothing
End Function
' 检查文件是否存在，重命名已存在文件
```

```
Function CheckFileExists ( FileName )
Set fso = Server.CreateObject ( "Scripting.FileSystemObject" )
If fso.FileExists ( SaveFile ) Then
i = 1
msg=True
Do While msg
CheckFileExists = Replace ( SaveFile,Right ( SaveFile,4 ), "_" & i & Right ( SaveFile,4 ))
If not fso.FileExists ( CheckFileExists ) Then
msg = False
End If
i = i+1
Loop
Else
CheckFileExists = FileName
End If
Set fso = Nothing
End Function
%>
```

技能训练

一、确定客户登录与否

发布信息、加入购物车、查询购物车信息、修改信息等操作都需要客户登录后才能进行。确定客户已登录可以单独设计一个文件用于判定，以后在需要判定登录与否的文件（如加入购物车、查看购物车、修改信息等）里先调用该文件。代码如下：

```
<%
if session ( "id" ) ="" then
  response.Write ( "<script>alert ( '你尚未登录，请登录！' ); </script>" )
  response.Write ( "<script>location.href='dl.asp'; </script>" )
  response.End ( )
end if
%>
```

二、页面框架

可以用三字型来构建，可参考注册页面的框架设计。

三、人机对话页面设计

可参考图 4–2–1 所示设计发布出售商品页面。主要设计过程如下：

插入一个 15 行、2 列，标题为“发布出售商品信息”，边框粗细为“0”，表格宽度为“80%”的表格。最后一行的两个单元格合并，水平居中；第一列（除最后一行）水平右对齐。大类名、小类名、购买日期的选择框设计方法见前面操作，说明用文本区，选择“插入”/“表单”/“文本区”，弹出“标签编辑器”对话框，输入名称为“t11”；列为“17”，行数为“3”，如图 4–2–2 所示。

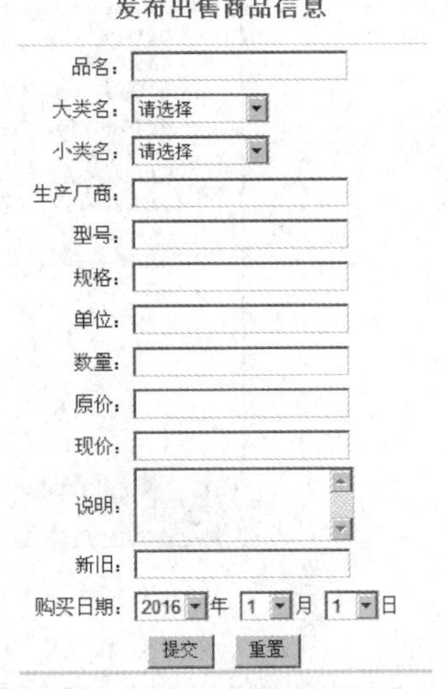

图 4–2–1　商品出售信息发布页面

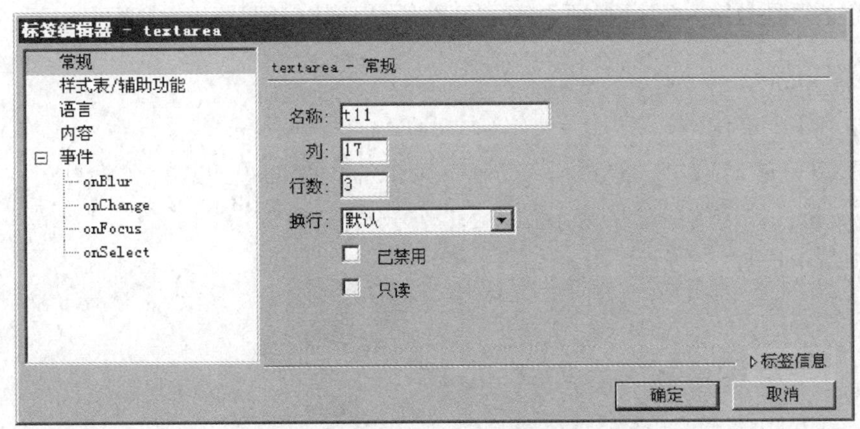

图 4–2–2　标签编辑器

单击“确定”，图片用文件域，选择“插入”/“表单”/“文件域”，弹出“标签编辑器”对话框，输入名称为“t12”，如图 4–2–3 所示，单击“确定”。

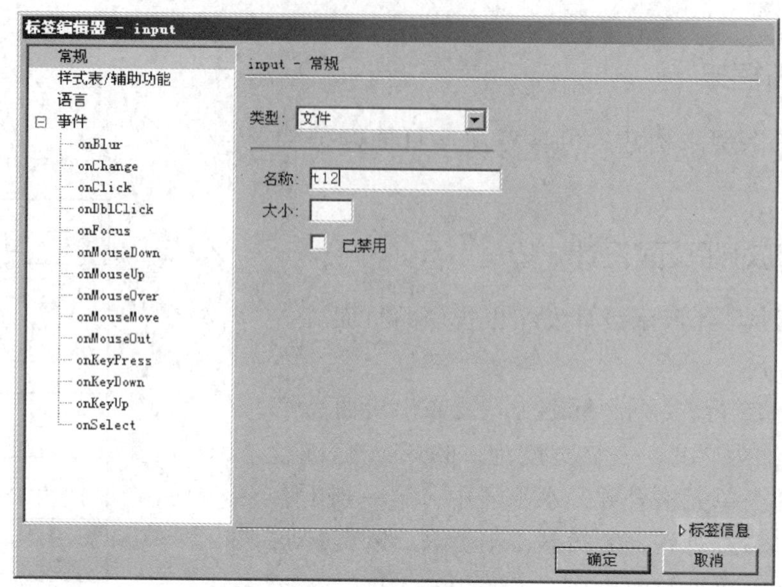

图 4-2-3　标签编辑器

四、信息的有效性验证

判定品名、单位、数量、现价不能空；大类名、小类名、生产厂商、照片为必选项；数量、现价必须是数字；数量必须大于零且必须是整数。照片的格式要求如下：

```
a=f.t12.value
a=mid（a，InStrRev（a，"."））
if not（a=".gif" or a=".jpg" or a=".bmp" or a=".png"）then
   msgbox "你选的照片格式不合要求！"
  f.t12.value=""
   f.t12.focus
   exit sub
end if
```

五、信息的添加

出售商品信息的添加和客户注册信息的添加是一样的，就是完成一次数据库的添加，主要代码如下：

```
re.open "select * from 商品表 ",cn,1,3
re.addnew
re（" 品名 "）= Trim（Request.Form（"t1"））
'……
re（" 客户编号 "）=session（"id"）
'……
re（" 图片 "）= mid（savefile，InStrRev（savefile，"\"）+1）
re（" 购买日期 "）= Trim（Request.Form（"t21"））&"-"&Trim（Request.Form（"t22"））
&"-"&Trim（Request.Form（"t23"））
re（" 进出 "）=" 进 "
re.update
```

六、图片的上传

添加了商品信息后，打开上传图片文件“upload.asp”，主要代码如下：

```
'……
<%
'……
  Response.Write（"<script>location.href='upload.asp'; </script>"）
%>
```

结果如图 4-2-4 所示。

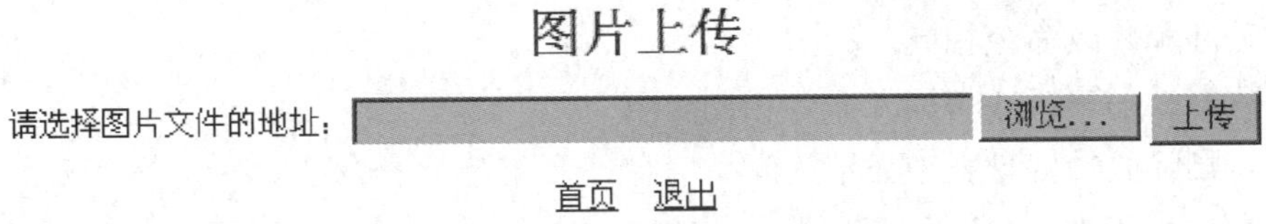

图片上传

请选择图片文件的地址： 浏览... 上传

首页 退出

图 4-2-4 图片上传页面

思考与练习

1. 设计发布求购商品文件，需要提供的信息有品名、规格、数量、价格、新旧、说明等。

2. 验证求购信息的合理性，添加求购信息于数据库。

第3节 商品信息修改、删除功能设计

当商品信息需要修改、删除操作时，首先确定用户登录与否，登录后再查询已发布的商品信息，找到需要修改、删除的具体信息，然后做出修改、删除等操作。确定用户登录与否已经设计了一个文件，可以直接调用，接下来要利用SQL实现数据的修改和删除。

一、SQL修改、删除命令

1. 修改命令

格式：updadte　表名 set 字段名 1 = 数据 1 [，…][where 条件]

（1）缺省条件，将对所有记录的指定字段进行修改。

（2）数据的书写格式与插入命令相同。

（3）条件可以是关系表达式、逻辑表达式和返回逻辑值的函数等逻辑结果的表达式。

（4）关系运算符有：= 等于，！ = 不等于，< 小于，> 大于，<= 小于等于，>= 大于等于。逻辑运算符有：and 与，or 或，not 非。

例如：更改商品信息表的品名。

"update 商品表 set 品名 ='"&pm&"' where 商品编号 ="&a

其中pm是新品名变量，a是商品编号变量。

2. 删除命令

格式：delete from 表名 [where 条件]

（1）缺省条件，将删除表中的所有记录。

（2）条件和修改命令相同。

（3）数据的书写格式与插入命令相同。

例如：删除商品信息表中a号的商品信息

"Delete from 商品表 where 商品编号 ="&a

二、物理删除和逻辑删除

物理删除是指把记录从数据表里彻底删除，不能再恢复的删除。应用SQL的删除命令就是物理删除，所以在使用时应慎重。逻辑删除是指数据表中保留该记录但查询结果里不能查到的删除，它可以在需要时再恢复，它比物理删除有更大的机动性。在删除时尽量做逻辑删除，Access中没有逻辑删除的操作，可以设一个字段，其数据是“在售”，没删除，其数据改成“下架”则已删除。

技能训练

一、网页框架

可以采用三字型，方法请参考注册页面的框架设计。

二、确定客户登录与否

更改信息只能由客户自己来更改，别人无权进行修改和删除操作，为此调用外部确定客户登录与否文件，确定客户登录才能进行。

三、查询客户发布的信息

```
<!--#include file="date/date.asp"-->
<%
    sql ="select * from 出售查询 where 客户编号 ="& session（"id"）
    re.open sql,cn,1,1
    if  re.eof or re.bof then
        Response.Write（" 暂无出售商品信息发布！ "）
    Else
%>
    <table border="0"  cellspacing="1" cellpadding="0" width="100%">
        <tr>
            <th> 品名 </th>
            ……
            <th colspan="2"> 变更 </th>
        </tr>
        <%
        i=0
        while not re.eof
            if  i mod 2=0 then%>
                <tr bgcolor="#FFCCFF" align="center">
            <%else%>
                <tr align = "center">
            <%end if %>
                <td><%=re（" 品名 "）%></td>
```

```
        ……
        <td><a href="xg.asp?x=<%=re（" 商品编号 "）%>"> 修改 </a></td>
        <td><a href="delete.asp?x=<%=re（" 商品编号 "）%>"> 删除 </a></td>
    </tr>
<%
 re.movenext
 i=i+1
 wend
 %>
```

相同的方法可以查询发布的求购商品信息，运行效果如图 4–3–1 所示。

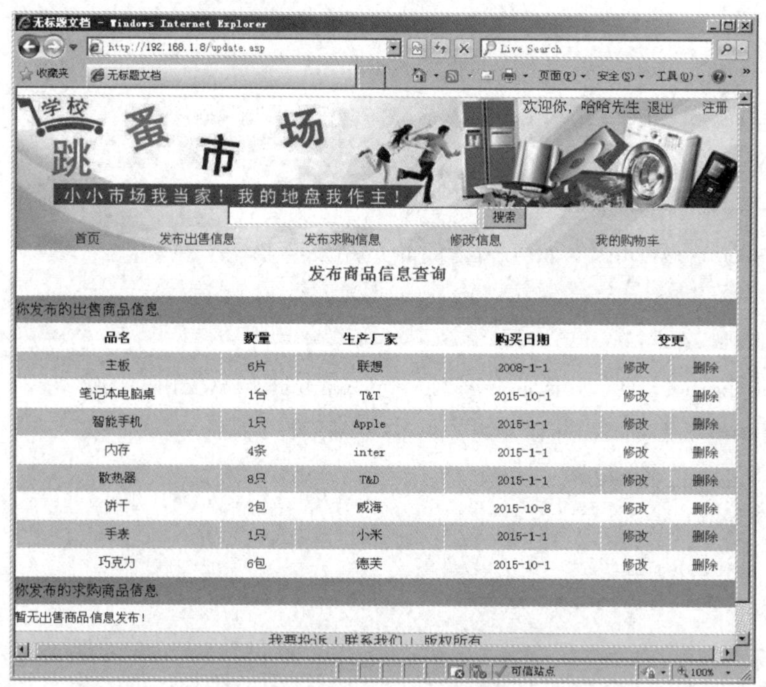

图 4–3–1　发布商品信息页面

四、修改信息

修改信息由修改信息窗体和修改数据库信息两部分组成。修改信息窗体是要完成客户信息的输入，它应该提供客户需要修改信息的相关组件和信息有效性的验证，可以参考前面设计过的人机对话窗体来完成，页面效果如图 4–3–2 所示。

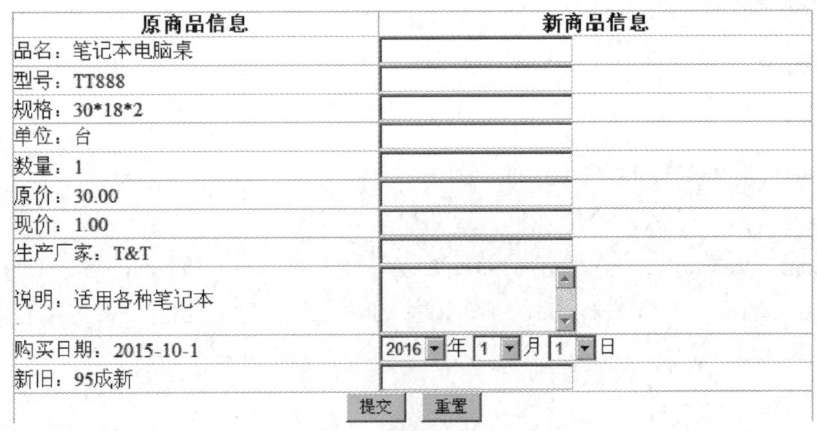

图 4–3–2　出售商品信息修改页面

求购商品的修改页面，信息修改文件的主要代码如下：

```
<!--#include file="date/date.asp"-->
<%
dim a,files,sql,savefile
sql="update 商品表 set"
a=Trim（Request.Form（"t21"））&"-"& Trim（Request.Form（"t22"））
a=a&"-"& Trim（Request.Form（"t23"））
sql=sql&" 购买日期 ='"& a &"'"
a=Trim（Request.Form（"t1"））
if  a<>""  then
  sql=sql&"，品名 ='"& a &"'"
end if
'……
sql=sql&" where 商品编号 ="& request.Form（"b3"）
cn.execute（sql）
cn.close
set cn=nothing
Response.Write（"<script>alert（'你的商品出售信息修改成功!'）; </script>"）
Response.Write（"<script>location.href='update.asp'; </script>"）
%>
```

五、删除信息

1. 物理删除

代码如下：

```
<!--#include file="date/date.asp"-->
<%
cn.execute "delete from 商品表 where 商品编号 ="& request.QueryString（"x"）
Response.Write（"<script>alert（'你出售的商品信息已经删除！'）; </script>"）
Response.Write（"<script>location.href='xg.asp'; </script>"）
%>
```

2. 逻辑删除

逻辑删除可以做修改操作，将商品信息表中状态字段的修改为“下架”。查询商品信息时，状态不等于“下架”就是在售商品，否则已经删除。

思考与练习

1. 在删除信息前做二次提示，进一步确认。
2. 对删除信息做逻辑删除。
3. 设计客户发布信息的查询窗体。
4. 设计客户发布信息的修改窗体。

第5章　电子商务网站首页和购物车功能的实现

第1节　首页模块设计

首页通常包括网店 Logo、导航条、搜索、商品展示等，网页头部和脚部已经制作成两个文件，直接调用即可，导航还需设计一个商品类别导航，商品展示分为三大区域：优惠商品、出售商品、求购商品。

一、循环嵌套

当需要两方面及以上的循环就要循环嵌套，如需要查询商品大类表的信息，还要查询该大类中的小类信息，就必须应用循环嵌套，代码如下：

```
<%
re.open "select * from 大类表 ", cn,1,1
while not re.eof
    Response.Write（re（" 大类名 "））
    set rs=Server.CreateObject（"ADODB.Recordset"）
    rs.open "select * from 小类表 where 大类号 ="&re（" 大类号 "）,cn,1,1
      while not rs.eof
        Response.Write（rs（" 小类名 "））
      rs.movenext
      wend
    re.movenext
    wend
    %>
```

二、SQL 模糊查询命令

格式：select 字段名 1，…from 表名 | 视图名 | 查询名 where 字段名 like'%|_"& 变量名 &"%|_'

1. 模糊查询是查询条件中非精确的匹配或者是部分匹配的查询。

2. 非匹配部分用 "_" 或 "%" 代表，"_" 表示单个字符，"%" 表示多个字符。

例如：查询出售查询中的品名中有“电”字的全部出售商品信息。

select*from 出售查询 where 品名 like'%"&n&"%'

其中 n 的值为电。

技能训练

一、首页框架设计

首页可以按图 5-1-1 所示进行设计，设计过程如下：

top	
商品类别导航条	优惠商品信息
	商品出售信息
	求购商品信息
foot	

图 5-1-1　首页框架

打开首页文件，在 body 中插入表格，单击“插入”/“表格”，打开“表格”对话框，输入行数为“5”，列为“2”，表格宽度为“800 像素”，单元格间距为“1”，如图 5-1-2 所示。

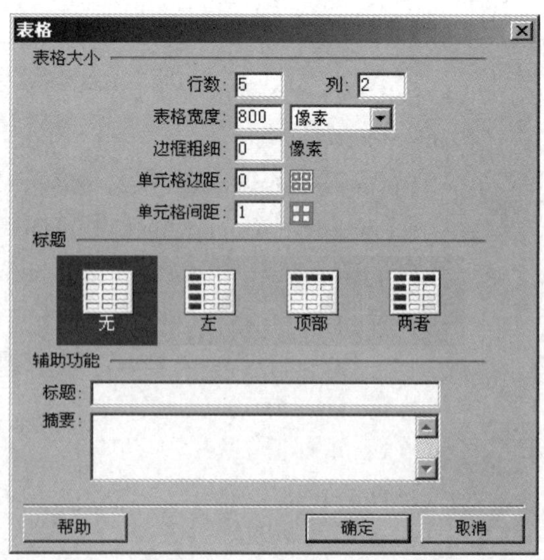

图 5-1-2　表格对话框

单击“设计”，选中第一行，单击“合并所有单元格”，背景颜色设置为“白色，#FFFFFF”，如图 5-1-3 所示。

合并第五行两个单元格，设置背景颜色为“白色”。其他各行的背景颜色也为“白色”。选中第 2、第 3、第 4 行的第 1 列，设置宽为“20%”，垂直“顶端”，如图 5-1-4 所示。

图 5-1-3 合并单元格

图 5-1-4 表格宽及垂直对齐的设置

选中整个表格，设置水平为“居中对齐”，背景颜色为“灰色，#CCCCCC”，如图 5-1-5 所示。

图 5-1-5 表格背景颜色

二、商品类别导航条

商品类别有大类与小类，两者通过嵌套循环来实现，代码如下：

```
<table width="120" border="0" cellspacing="0" cellpadding="0">
  <tr>
   <td align="center"><img src="image/ 商品类别 _01.gif" height="47"/></td>
  </tr>
  <tr>
    <td   background="image/ 商品类别 _02.gif" align="center">
      <table width="93%" border="0" cellspacing="0" cellpadding="0">
      <%
        re.open "select * from 大类表 ",cn,1,1
        while not re.eof %>
        <tr>
          <td width="32%" align="center">
            <img src="image/ 剪头 .gif" width="13" height="10"/></td>
          <td width="68%" align="left" class="bg1">
            <b><%=re（" 大类名 "）%></b></td>
        </tr>
        <%
        set rs=Server.CreateObject（"ADODB.Recordset"）
        rs.open "select * from 小类表 where 大类号 = "&re（" 大类号 "）,cn,1,1
        while not rs.eof %>
        <tr>
          <td align="center">  </td>
          <td align="left" class="bg1" ><%=rs（" 小类名 "）%></td>
        </tr>
        <%
          rs.movenext
          wend
        re.movenext
        wend %>
    </table>
</table>
```

三、前五名优惠商品展示

优惠商品是以折扣的大小来决定的，折扣越大越优惠，而前五名可以用 top 函数来选出，代码如下：

```
<table width="100%">
  <tr>
    <%
    re.close
    re.open "select top 5 * from 出售查询 where 状态 =' 在售 '   order by 折扣 ",cn,1,1
    while not re.eof
    %>
      <td   align="center">
        <table border="0" cellspacing="0" cellpadding="0" id="k">
          <tr>
            <td>
              <img src="image/<%=re（" 图片 "）%>" width="120" height="110"/>
            </td>
          </tr>
          <tr>
              <td align="center"><%=re（" 品名 "）%></td>
          </tr>
          <tr>
              <td align="center">
                  <%=Formatnumber（re（" 现价 "）,2,-1,-1,0）%> 元 </td>
          </tr>
        </table>
      </td>
      <%
   re.movenext
   Wend
  %>
 </tr>
 </table>
```

四、商品出售信息展示部分设计

商品展示就是通过查询，把商品信息显示出来，按商品大类、小类和品名查询，也就是 SQL 查询语句的不同而已，其他都是一样的，代码如下：

```
<%
  re.close
  sql="select  * from 出售查询 "
  sql=sql&" where 状态 =' 在售 '  order by 发布时间 desc"
  re.open sql,cn,1,1
  if re.eof or re.bof then
     Response.Write（" 暂无出售商品发布！ "）
  else
    for i=1 to re.recordcount %>
      <table width="100%" border="0" cellspacing="0" cellpadding="0">
       <tr valign="middle">
         <td width="10%">
          <img src="image/<%=re（" 图片 "）%>"width="40" height="50"/>
         </td>
         <td width="20%"><%=re（" 品名 "）%></td>
         <td width="15%"><%=Formatnumber（re（" 现价 "）,2,-1,-1,0）%> 元
         </td>
         <td width="15%"><%=re（" 数量 "）%><%=re（" 单位 "）%></td>
         <td align="right"><%=re（" 发布时间 "）%></td>
      </tr>
    </table>
    <% re.movenext
    next
end if  %>
```

五、商品类别查询

完成商品类别查询需要加两方面的代码：

1. 在大类、小类名上加超链接，连接本文件并带大类号或小类号及类别编号进行传送。添加超链接，分别在商品类别的导航中加下划线的语句。

```
<a href=index.asp?a=a&x=<%=re（"大类号"）%>><%=re（"大类名"）%></a>
<a href=index.asp?a=b&x=<%=rs（"小类号"）%>><%=rs（"小类名"）%></a>
```

2. 在查询时加查询条件为大类号或小类号。

条件查询，代码如下：

```
sql="select   * from 出售查询 "
a=request.QueryString（"a"）
x=request.QueryString（"x"）
if a="a" then
   sql=sql&" where 大类号 ="& x
elseif a="b" then
   sql=sql&" where 小类号 ="& x
end if
sql=sql&"   order by 发布时间 desc"
re.open sql,cn,1,1
```

六、商品品名搜索

商品品名的搜索是用模糊查询来完成的。在 SQL 查询语句里填加下列有下划线的部分代码即可。

```
te=request.QueryString（"te"）
if   a="a"   then
   sql=sql&"where 大类号 ="& x
elseif   a="b"   then
   sql=sql&"where 小类号 ="& x
elseif te<>""then
      sql=sql&"where 品名 like'%"& te &"%'"
end if
```

七、分页显示技术

分页显示技术在大量数据显示时经常用到，数据多页面较长，用滚动条来浏览很不方便，可以分成多页来显示。分页显示技术主要应用 recordset 对象的属性和方法来完成。pagesize 属性为“每页的显示条数”；pagecount 属性为“页码数”，如记录有 10 条，每页显示 8 条，pagecount 为“2”；absolutepage 属性是定位在某页的第一条上；path 是本文件的 URL，代码如下：

```
re.pagesize=8                        '设定每页显示 8 条
page=clng（request（"page"））      '获取页码
if page<1 then page=1                '页码小于 1，则页码定为 1
if page>re.pagecount then page=re.pagecount
'如果页码超过页数，页码定为最后一页
re.absolutepage=page    '查询结果定位在页码处
for i=1 to re.pagesize   '循环显示 8 条记录
  '…… 展示商品信息
re.movenext
if   re.eof   then exit for   '如果不到 8 条，提前结束
next
reponse.Write（"<a href="&path&"? a="& a &"&x="& x &"&te="& te &"&page="&（page-1）&" > 上一页 </a>"）
'显示上一页
for j=1 to re.pagecount
  response.Write（"    "）
  response.Write（"<a href="&path&"? a="& a &"&x="& x &"&te="& te &"&page="&（j）&" >"& j & "</a>"）
'显示页码数
nxt
response.Write（"    "）
reponse.Write（"<a href="&path&"? a="& a &"&x="& x &"&te="& te &"&page="&（page+1）&"> 下一页 </a>"）
  '显示下一页
```

最终效果如图 5-1-6 所示，类似的求购商品的展示可参照本步骤完成。

八、商品详细信息的浏览

1. 详细信息页面的框架

可以用三字型来构建，方法可以参考注册页面来完成。

2. 打开详细页面

打开详细信息页面可以在首页文件中商品显示时加超链接来完成，并把商品编号传送过去。代码是加上有下划线的部分。

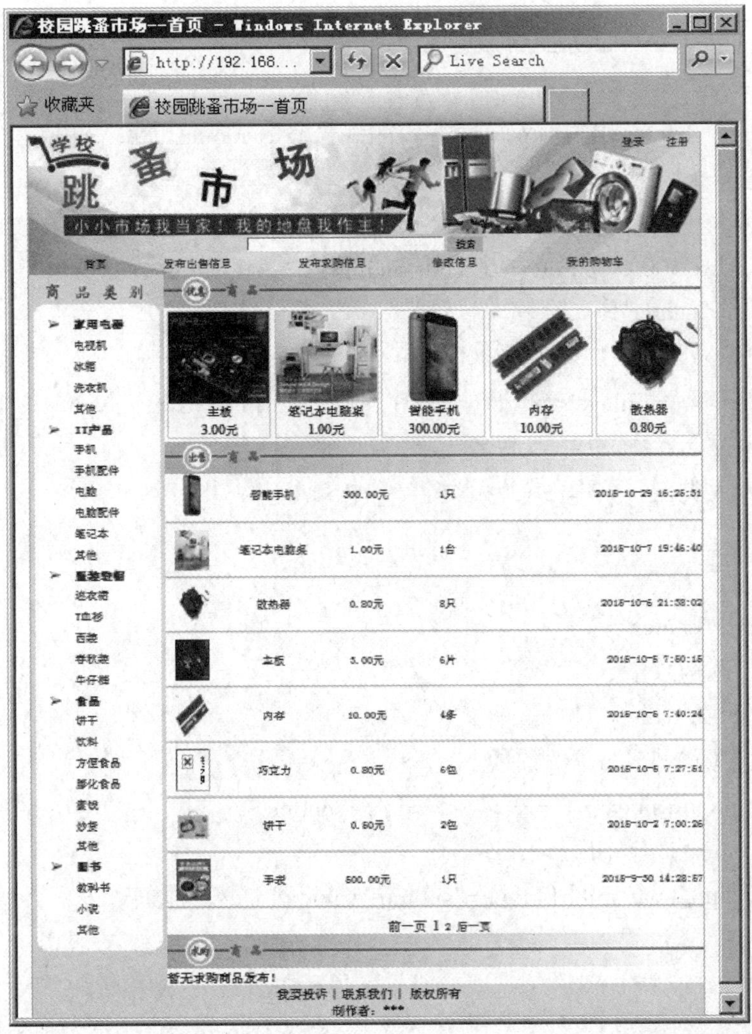

图 5-1-6　首页

```
<a href="xxxx.asp?n=<%=re（"商品编号"）%>">
<td width="10%">
<img alt="暂无照片" src="image/<%=re（"图片"）%>"width="40" height="50"/></td>
……
<td align="right"><%=re（"发布时间"）%></td></a>
```

3. 商品详细信息的显示

商品详细信息的显示用表格来布局，选购数量用选择框来实现，这样操作方便，而且最大数量是发布者的出售数量，客户选购时，不可能超过发布者的出售数量，具体代码如下：

```
<!--#include file="date/date.asp"-->
<%
sql="select  * from 出售查询 where 商品编号 ="& request.QueryString（"n"）
re.open sql,cn,1,1
%>
<table width="100%" border="0" cellspacing="0" cellpadding="0">
  <tr align="center">
    <td rowspan="10" width="200">
      <img src="image/<%=re（" 图片 "）%>" width="200" height="280" /></td>
    <td> 品名：<%=re（" 品名 "）%></td>
    <td> 大类名：<%=re（" 大类名 "）%></td>
  </tr>
  ……
  <tr align="center">
    <td> 选购数量：
      <select name="t1" size="1">
      <% for i=1 to re（" 数量 "）%>
      <option value="<%=i%>"><%=i%></option>
      <%next%></select></td>
    <td><input name="b1" type="submit" value=" 加入购物车 "/>
    </td>
  </tr>
</table>
    <!--#include file="date/close.asp"-->
```

4. 加入购物车

单击“加入购物车”，打开加入购物车文件，可以用表单来实现，还需要提供选购数量和商品编号，商品编号可以用隐藏按钮来完成，选择“插入”/“表单”/“隐藏域”，打开“标签编辑器”对话框，输入名称为“b2”，值为“<%=re（"商品编号"）%>”，如图 5-1-7 所示。

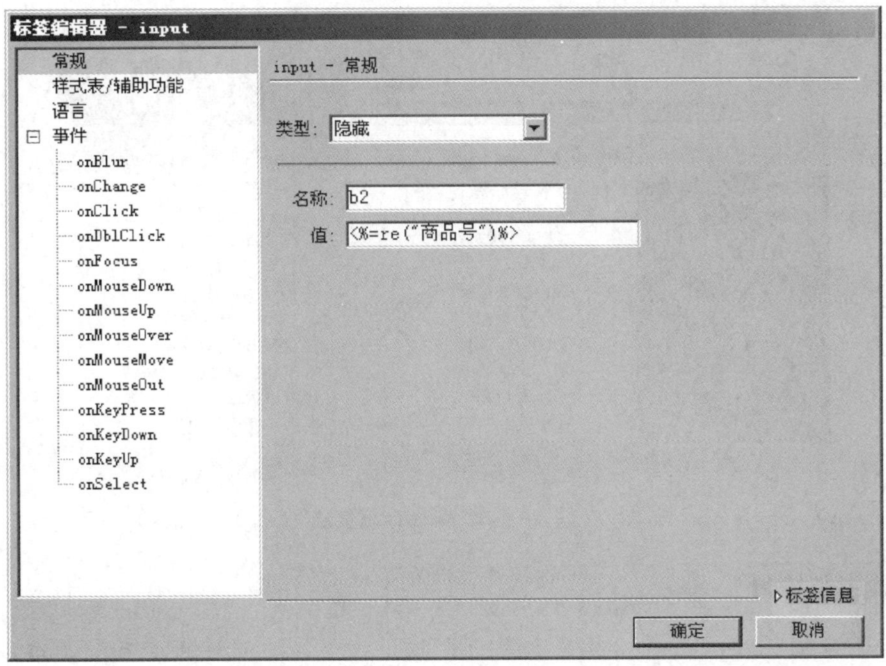

图 5-1-7　隐藏按钮

参考代码如下：

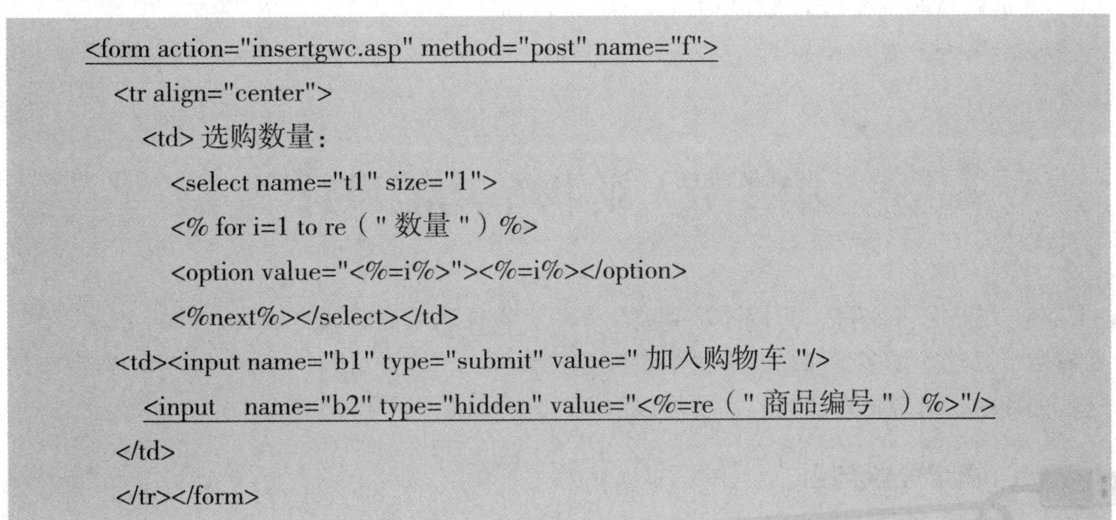

```
<form action="insertgwc.asp" method="post" name="f">
  <tr align="center">
    <td> 选购数量：
      <select name="t1" size="1">
      <% for i=1 to re（" 数量 "）%>
      <option value="<%=i%>"><%=i%></option>
      <%next%></select></td>
  <td><input name="b1" type="submit" value=" 加入购物车 "/>
    <input   name="b2" type="hidden" value="<%=re（" 商品编号 "）%>"/>
  </td>
  </tr></form>
```

显示详细信息页面的效果如图 5-1-8 所示。

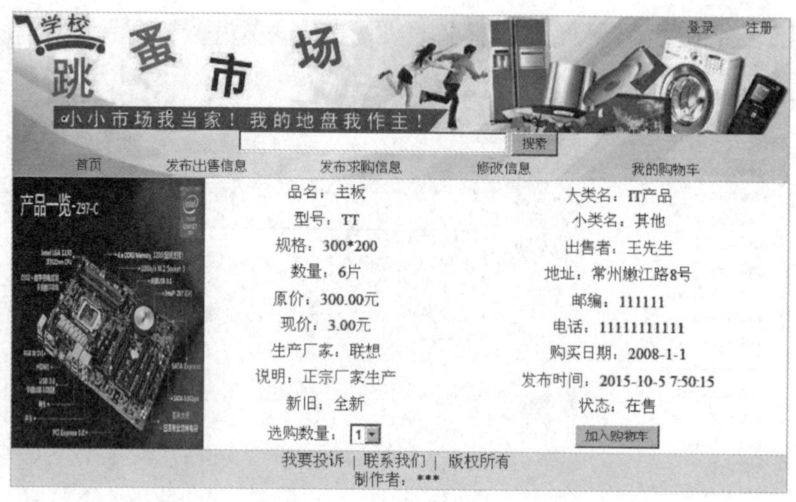

图 5–1–8　商品详细信息

思考与练习

1. 完善分页显示，要求：当显示第一页时，前一页没超链接；当显示最后一页时，后一页没超链接；当显示某一页时，该页码数没超链接。
2. 完成首页设计并对首页进行美化。
3. 求购商品信息显示部分设计。
4. 求购部分的分页设计。

第 2 节　购物车功能设计

客户看中了某商品，可以添加到购物车里，以便联系商家确定购买，付款交易。当需要看看自己选购了多少商品，多少数量，花费多少，可以查看购物车，当客户不需要自己选购的商品，可以把自己的购物车加以清空。这些就是本节要完成的任务。

一、确定登录与否

加入购物车前一定要先登录，否则不能确定谁选购了该商品，可调用判定登录与否文件来完成。

二、加入购物车

加入购物车就是把购物信息加入到数据库中，当数据库中没该商品信息则添加记录，否则就修改该商品的数量，主要代码如下：

```
<%
dim a,b
a = request.Form（"t1"）
b = request.Form（"b2"）
re.open"select * from 购物车表 where 客户编号 = "&session（"id"）&" and 商品编号
="& b,cn,1,1
if  re.eof  then
  cn.execute "insert into 购物车表（客户编号，商品编号，数量）values（'"&
session（"id"）&"','"& b &"','"& a &"'）"
else
  cn.execute "update  购物车表 set 数量 = 数量 +"&a&" where 客户编号 ="& session
（"id"）&" and 商品编号 ="& b
end if
cn.execute "update 商品表 set 状态 =' 已购 ' where 商品编号 ="& b
Response.Write（"<script>alert（' 你选购的商品已成功加入购物车 !'）; </script>"）
Response.Write（"<script>location.href='index.asp'; </script>"）
%>
```

三、查看购物车

查看购物车就是查询，先在数据库中设计一个查询，把几张数据表中需要的字段建立查询，字段有品名、生产厂家、数量、规格、优惠价格、订购时间等，方法参考出售查询的创建，页面构建可采用三字型，方法参考注册页面设计，主要代码如下：

```
<%
sql="select * from 购物车查询 where 客户编号 = "& session（"id"）
   re.open sql，cn,1,1
   if  re.eof  then
     Response.Write（" 你的购物车是空的！"）
   else
   %>
  <table width="100%" border="0" class="bg2">
  <caption class="wz1">
   <%=session（"name"）&session（"sex"）%> 购物车清单
  </caption>
```

```
    <tr bgcolor="#FFCCFF">
      <th> 品名 </th>
      <th> 生产厂家 </th>
      <th> 数量 </th>
      <th> 规格 </th>
      <th> 优惠价格 </th>
      <th> 订购时间 </th>
      <th> 操作 </th>
    </tr>
    <%
    j=0
    while not re.eof
      j=j+re（" 现价 "）*re（" 数量 "）
    %>
    <tr align="center">
    <%end if %>
      <td><%=re（" 品名 "）%></td>
      <td><%=re（" 生产厂家 "）%></td>
      <td><%=re（" 数量 "）%><%=re（" 单位 "）%></td>
      <td><%=re（" 规格 "）%></td>
      <td><%=Formatnumber（re（" 现价 "）,2,-1,-1,0）%> 元 </td>
      <td><%=re（" 订购时间 "）%></td>
      <td><a href="qk.asp?x=<%=re（" 商品编号 "）%>"> 删除 </a></td>
    </tr>
    <%
      re.movenext
      wend
    %>
    <tr>
      <td   colspan="6" align="center">
        <b> 合计金额：<%=Formatnumber（j,2,-1,-1,0）%> 元 </b></td>
     <td align="center"><a href="qk.asp?x=0"> 清空购物车 </a></td>
   </tr>
</table>
<% end if %>
```

运行效果如图 5-2-1 所示。

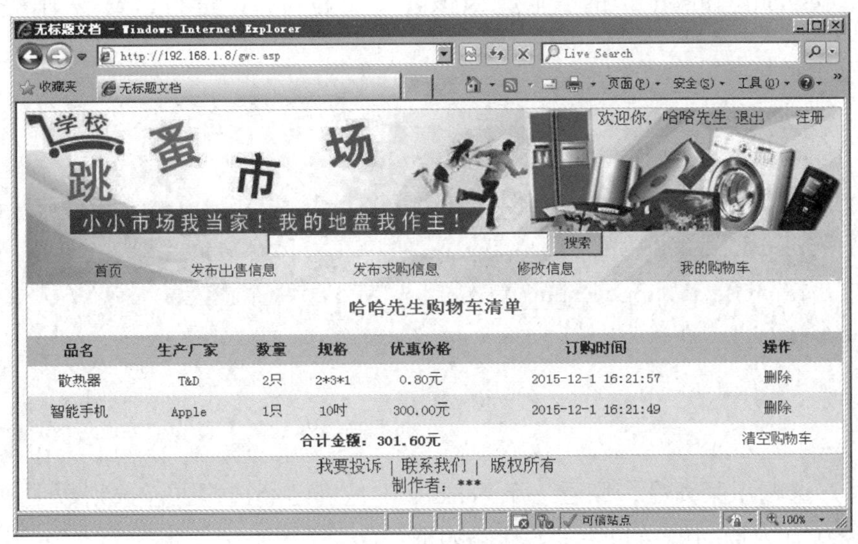

图 5-2-1　我的购物车

四、清空购物车

清空购物车有两种：一是清除某商品，二是全部清空，主要代码如下：

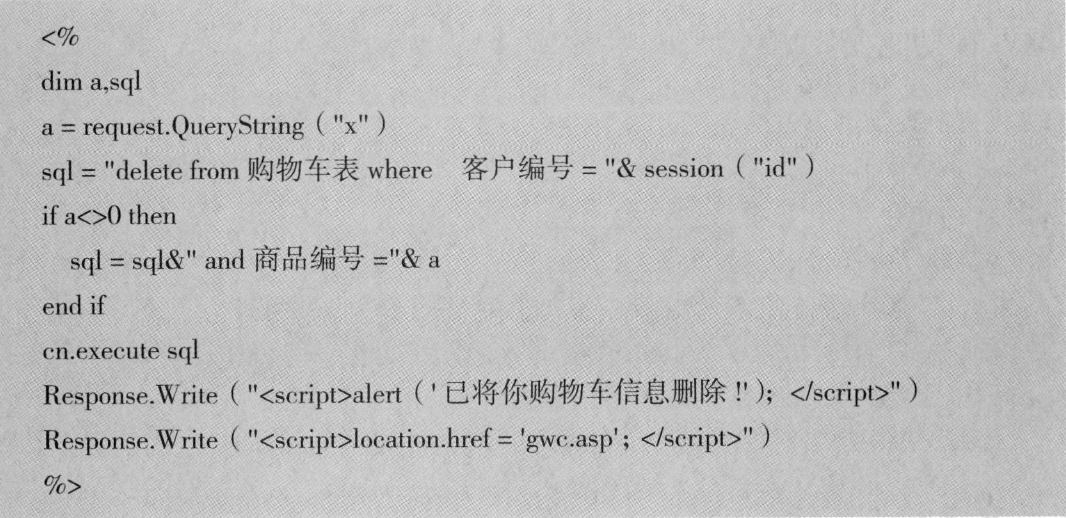

```
<%
dim a,sql
a = request.QueryString（"x"）
sql = "delete from 购物车表 where　客户编号 = "& session（"id"）
if a<>0 then
   sql = sql&" and 商品编号 ="& a
end if
cn.execute sql
Response.Write（"<script>alert（'已将你购物车信息删除！'）; </script>"）
Response.Write（"<script>location.href = 'gwc.asp'; </script>"）
%>
```

技能训练

一、购物车的 cookies 实现

cookies 集合是客户端的一小块内存单元，可以在服务器端进行读写，利用它来保存

客户的购物信息，该 cookies 就是网店的购物车了。

首先用 session（"insert"）的真假记录该客户交易与否，进行过交易则清空 cookies，代码如下：

```
<% if session ( "insert" ) then
      Session ( "insert" ) =false
      For each key in request.cookies ( "id" )
         response.cookies ( "id" ) ( key ) =""          '存放商品号
         response.cookies ( "num" ) ( key ) =""         '存放数量
      next
    end if
  %>
```

一旦客户选购了某商品，则看一下 cookies 中是否已经选购，已选则数量增加，未选则在 cookies 中加入商品编号和数量，代码如下：

```
<%
   f = false
   id = trim ( request.form ( "s_id" ))
   For each key in request.cookies ( "id" )
      if id = request.cookies ( "id" ) ( key ) then
         f = true
         exit for
      end if
    next
    if f then
       response.cookies ( "num" ) ( id ) =request.cookies ( "num" ) ( id ) +1
    else
       response.cookies ( "id" ) ( id ) =id
       response.cookies ( "num" ) ( id ) =trim ( request.form ( "s_num" ))
    end if   %>
```

查看购物车时，首先看 cookies 中是否有 id 字典，没有则购物车为空，有则获取 id 字典的关键字数量。再找到 id 字典中第一个不为空的关键字，如果都空则没有商品，不然则循环显示 cookies 的值，代码如下：

```
<%
if not request.cookies ( "id" ) .heskeys then '判断有无id字典
  Response.write( "<script>alert ( '您的购物车为空！'); " )
  Response.write( "window.location.href='index.asp'; </script>" )
End if
    P=1
    C=cint ( request.cookies ( "id" ) .count
    Do while p<=c
     If request.cookies ( "id" ) ( p ) = "" then
        P=p+1
     Else
        Exit do
     End if
    Loop
   If p>c then
     Response.write ( "<script>alert ( '您的购物车空!'); ; </script>" )
     Response.write ( "window.location.href='index.asp'; </script>" )
   End if
    Do while p<=c
     Sid=request.cookies ( "id" ) ( p )
     If sid<> ""then
        Response.write ( " 商品编号："&sid )
        Response.write ( "<br> 数量："& request.cookies ( "num" ) ( p ))
     End if
     P=p+1
   Loop
%>
```

二、购物车的 session 实现

客户购买商品，则将商品的信息保存在 session 中，如第二次以上选购则仅数量增加，代码如下：

```
ProductList = Session ( "s_id" ) 'Session ( "s_id" ) ' 保存已选购的商品编号
Products = Split ( Request ( "Prodid" ) ,"," )
```

```
    '以逗号分割，把新选购的商品编号赋给 Products（此时变量 Products 以数组形式存在）
For I=0 To UBound（Products）    '从数值的最小下标到最大下标遍历数组
   PutToShopBag Products（I）,ProductList     '调用过程
Next
Session（"s_id"）= ProductList' 将处理后的变量 s_id 的值保存起来
Sub PutToShopBag（Prodid,s_id）   '定义过程
  If Len（s_id）= 0 Then  '判断是第一次选购吗
    ProductList = Prodid    '将第一次购物的商品编号保存
  Else If InStr（s_id,Prodid）<= 0 Then' 判断原购物集中有新选购的商品吗
   S_id = s_id&","&Prodid &"" '将新选购商品编号加入选购集中
  else
   Session（"Q_" &Request（"Prodid"））=Session（"Q_" &Request（"Prodid"））+1
'多次选购，数量增加
   end if
   End If
End Sub
```

显示购物车信息是按 session 中保存的商品编号和数量进行循环查询的结果，代码如下：

```
<%
Sum = 0    '总计
Products = Split（Session（"s_id"）,","）
For I=0 To UBound（Products）
sql="select * from 商品表 where 商品编号 ='"&trim（products（I））&"'"
re.open sql,cn,1,3
if Not re.EOF then
  Quatity = Session（"Q_" &trim（products（I）））  '取得该商品的选购数量
  ……
  Sum = Sum + clng（re（"g_price"）*cdbl（session（"zk"））*Quatity*100）/100
'累加总计。（新总计 = 原总计 + 保留两位小数（商品价格 * 折扣率 * 商品数量））
%>
```

如果修改了购物车中的商品数量，提交后商品数量的确定代码如下：

```
<%
   if Request.Form ( "shuliang" ) <>"" then '判断是在购物车中修改吗
      Quatity = Request.Form (  "Q_" & re ( "s_id" ))       ' 接收表单提交的商品数量
      If Quatity <= 0 Then   ' 判断数量在 1 以下
         Quatity = 1
     End If
   end if
Session (  "Q_" &rs ( "s_id" ))= Quatity ' 保存选购的数量
%>
```

获取后只要用表格显示数据到网页中就可以了。

思考与练习

1. 如何让浏览的购物车信息每行有不同的底纹？
2. 在购物车中增加一列小计，计算每件商品的金额。

第 6 章　电子商务网站的发布与维护

第 1 节　电子商务网站的发布

为了使每个模块能正常运行，每个模块之间无缝衔接，要对网站进行系统测试，以保证网站每个网页都能正常运作。为此先要在本机上进行网站测试，接下来要进行网站的发布，将网页发布到网络上，进行在线测试。

一、网站首页设置

打开 IIS，选中网站，双击“默认文档”，弹出“默认文档”页面，单击右侧的“添加”，弹出“添加默认文档”，输入默认文档名，如“index.asp”（默认文档即为电商网站的首页），如图 6-1-1 所示。

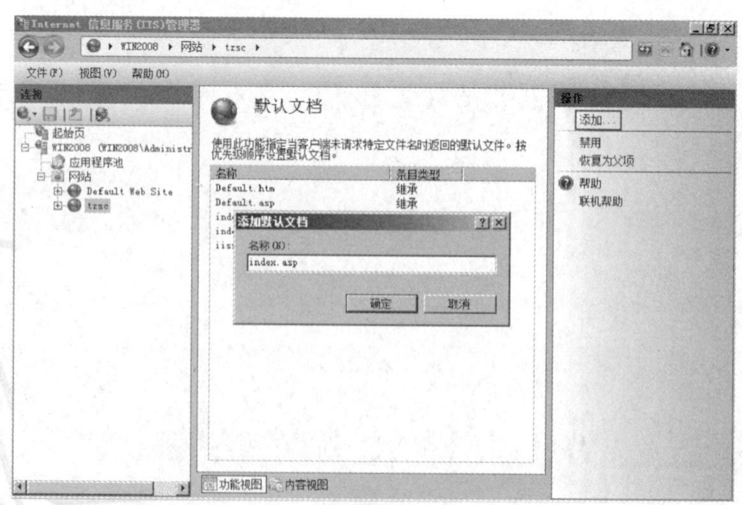

图 6-1-1　网站首页的设置

单击“确定”，网站首页设置完成。

二、IIS 调试器的设置

ASP 程序的运行是在服务器端做第一次编译，把动态网页编译成静态网页，到客户端再由浏览器做第二次编译并运行。在调试阶段可以在 IIS 上调试，虽然不能看到全部和准确的错误之处，但也能找到主要之处。为此开放调试器，步骤如下：

打开 IIS，选中网站，双击“ASP”，弹出“ASP”页面，修改属性“将错误发送到浏览器”“启用服务器端调试”和“启用客户端调试”都为“true”，如图 6–1–2 所示。

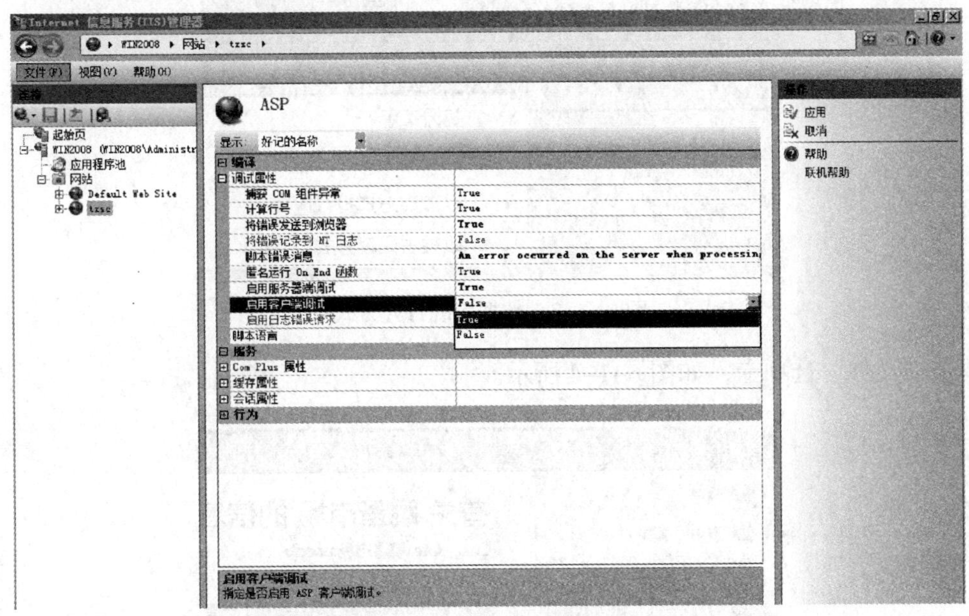

图 6–1–2　ASP 调试属性设置

三、电子商务网站测试方法、内容和过程

1. 网站测试方法

测试网页文件被执行状态的方法有：静态测试、动态测试；测试网页的内部结构和算法的方法有：白盒测试、黑盒测试。

2. 网页测试的内容

网站功能测试、网站性能（运行速度、兼容性、交互性、有效性、准确性、健壮性、流量等）测试、网站安全性（网页安全、网站安全、数据库安全）测试、网站硬件和网络连接测试等。

3. 网站的测试过程

单元测试、集成测试、功能测试、系统测试。

技能训练

一、数据库密码设置

打开 Access 2010，打开“跳蚤市场.accdb”数据库，选择打开方式为“以独占方式打开”，如图 6–1–3 所示。

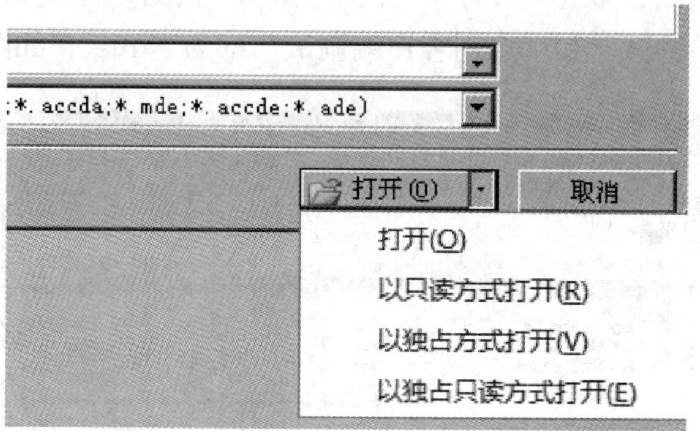

图 6–1–3　数据库的打开方式

单击“文件”选项卡，如图 6–1–4 所示。

图 6–1–4　文件选项卡窗体

单击“用密码进行加密”按钮，弹出“设置数据库密码”对话框，如图 6–1–5 所示。

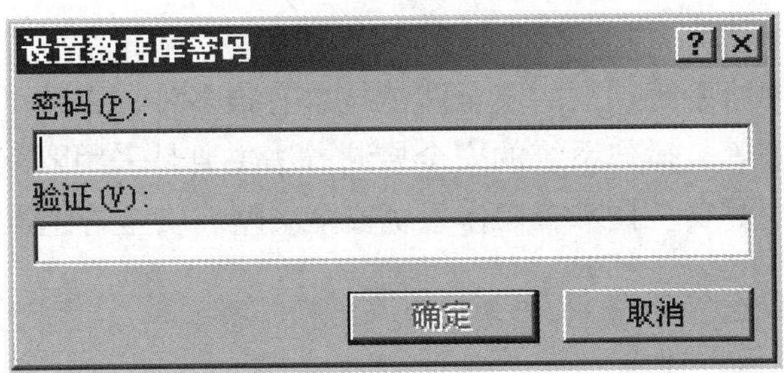

图 6-1-5 设置数据库密码

输入 2 次密码，单击“确定”按钮。

二、连接数据库命令修改

```
cn.open="Provider=Microsoft.ACE.OLEDB.12.0; Data Source="& server.MapPath("date/跳蚤市场.accdb")&"; Jet OLEDB:Database Password=" & "yyyyyy"
```

思考与练习

1. 申请免费空间。
2. 上传网站文件。

第 2 节 电子商务网站的维护

网站建好并不是一劳永逸的，还需要运营维护、不断更新。同时网上病毒、黑客猖狂，网站的安全、数据库的安全一点也不容轻视，必须按要求做好日常的维护工作。

一、系统维护

1. 服务器的维护

服务器是网站的根本，其维护内容包括服务器软件以及硬件的问题。软件的维护包括服务器操作系统的维护、网站的备份工作、internet 联接线路的维护等，保证网站 24 小时的运行。服务器的硬件在使用过程中也会出现一些问题，网络设备的管理属于技术操作类，非专业人员的误操作可能导致企业网站的瘫痪等，服务器需要经常安装补丁以及升级。

2. 系统的安全

操作系统版本、文件系统容量、内存交换区使用率、系统性能、黑客的攻击等都直接影响网站的安全运行。

从技术角度讲，网络系统层次的安全防范技术有很多种，大致可以分为防火墙、数字签名与认证、入侵检测等。操作系统的安全控制方法主要是采用隔离控制、访问控制、信息加密和审计跟踪。主要安全技术有操作系统安全策略、安全管理策略等。

二、数据库维护

1. 数据库备份、还原、导出、导入

做好数据库备份与恢复。数据备份是备份数据库某个时刻的数据状态，当系统出现意外时用来恢复系统。电商网站数据库，其信息系统很可能随时被破坏而丢失数据。因此，数据库管理系统必须具备把数据库从错误状态恢复到某一已知正确状态的功能，这就是数据库的恢复技术。

数据库备份可以用“另存为”来完成，还原可以用“复制”“粘贴”来完成。数据库的导出能将数据用其他文件方式保存下来并打印出来，以备后用，一旦发生安全问题可以用原始数据加以纠正。

导出数据库的步骤：打开数据库，单击“外部数据”选项卡，如图 6–2–1 所示。

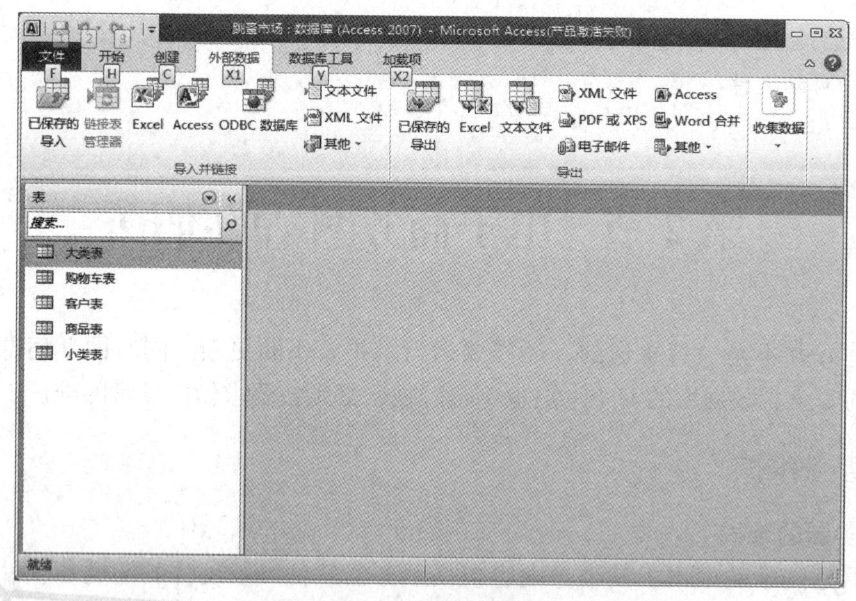

图 6–2–1　数据的导出

选择需导出的表，单击“导出”选项区的文件类型，如“Excel”，打开“导出”对话框，如图 6–2–2 所示。

选择文件保存的路径、文件名和文件类型，单击“确定”按钮，单击“关闭”，完成导出操作。

导入数据库的步骤：打开数据库，单击“外部数据”选项卡，单击“导入”选项区的

文件类型按钮，如“Excel”，打开“获取外部数据”对话框，选择文件的路径、存储方式和存储位置，确定存储的字段属性，如图 6-2-3 所示。

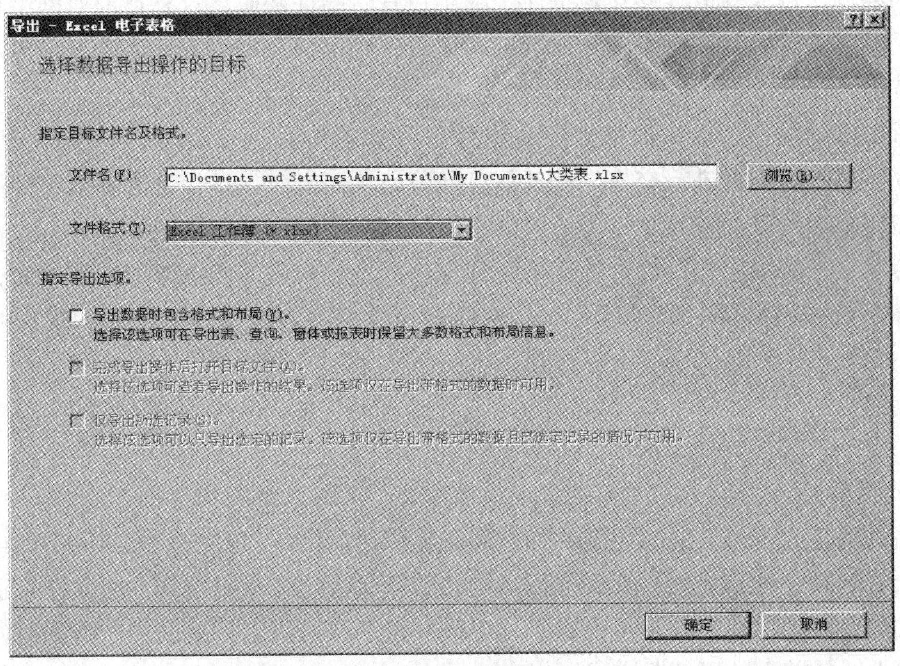

图 6-2-2　导出对话框

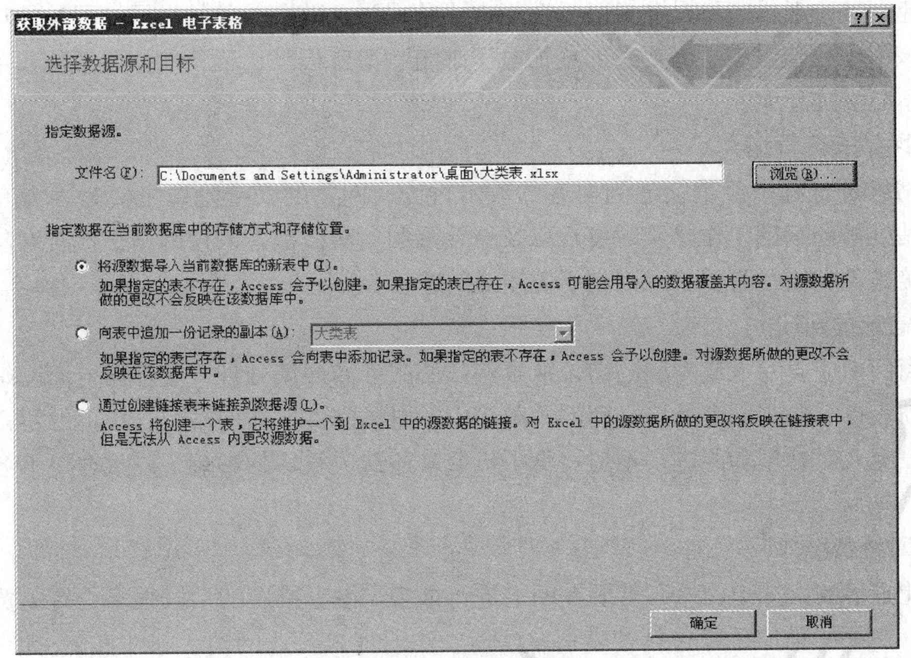

图 6-2-3　获取外部数据

2. 数据库安全

加强用户身份验证。用户身份验证是数据库系统的重要防线。利用窗体身份验证数据库程序的漏洞，进而获取存储在数据库中的用户身份验证密码，这是目前对网络数据库攻击最常见的方式。对此，电商网站的数据库应有密码保护，也可以采用更完善更严密的密码验证技术来保证数据库的安全。

对重要数据加密，数据加密交换是计算机系统对信息进行保护的一种最可靠的办法，它利用密码技术对信息进行交换，实现信息隐蔽，从而有效保护信息的安全不受侵犯。数据库加密要求加解密的粒度是每个记录的字段数据。采用库外口加密的方式，对密钥的管理较为简单，只需借用文件加密的密钥管理方法，将加密后的数据块纳入数据库，在算法或数据库系统中做必要的改动就可以。这样有利于公共数据字典的使用和维护系统的完整性。

三、网页维护

1. 网页的更新

网站的信息内容应该适时更新，如果现在客户访问网站看到的是去年的新闻或者说客户在秋天看到新春网站促销，那么他们对网站的印象肯定会大打折扣。因此注意适时更新内容是相当重要的。在网站栏目设置上，也最好将一些可以定期更新的栏目如网站新闻等放在首页上，使首页的更新频率得以提高。

2. 网页功能和性能的完善和提高

初建网站一般投入不是非常大，功能也不是很强。随着业务的发展，网站的功能和性能也应该不断完善以满足需要，如增加电子邮箱、留言板等，不断地拓展新的业务，以便使网站不断发展壮大。

3. 网站安全管理

网站维护过程中经常会遇到黑客的攻击行为，网站的安全隐患主要是因为有漏洞存在，网站维护的基础工作是及时发现以及修补漏洞。防范黑客入侵网站，检查网站各个功能，链接是否有错是需要时时刻刻要关注的问题。

4. 信息的回馈

电商网站应设专人或专门的岗位从事网站的服务和回馈处理。客户向电商网站提交的各种回馈表单、购买的商品、发到网站邮箱中的电子邮件、在网站留言板上的留言等，企业如果没有及时处理和跟进，不但丧失了机会，还造成很坏的影响，以致客户不会再相信网站。

5. 网站的推广

要让更多的人知道网站，就要在网上进行推广。网上推广的手段很多，有免费的也有付费的，主要的推广手段包括搜索引擎注册、注册加入行业网站、邮件宣传、论坛留言、新闻组、友情连接、互换广告条、B2B 站点发布信息等。除了网上的推广外，还有很多网上与网下结合的渠道，例如，将网址和企业的商标一起使用，通过产品、信笺、名片、公司资料等途径告知客户，也方便他们从网上了解企业的最新动态。

思考与练习

1. 网站维护需要进行哪些操作？
2. 数据库维护需要进行哪些操作？